U0846360

浙江省哲学社会科学规划课题“共同富裕的理论内涵、统计测度及实现路径研究”
（项目号：22NDJC192YB）研究成果
浙江省自然科学基金项目“汇率视角的中美货币政策溢出、协调及治理机制研究”
（项目号：LY18G030007）研究成果
浙江金融职业学院高水平科研创新团队（项目号：2021ZD01）建设成果
中国特色高水平高职学校建设系列成果
金苑文库

潘锡泉 ◎ 著

中美货币政策溢出效应及治理机制研究

RESEARCH ON THE SPILLOVER EFFECTS AND GOVERNANCE MECHANISMS OF MONETARY POLICIES BETWEEN CHINA AND THE UNITED STATES

中国金融出版社

责任编辑：张菊香
责任校对：潘　洁
责任印制：丁淮宾

图书在版编目（CIP）数据

中美货币政策溢出效应及治理机制研究/潘锡泉著.—北京：中国金融出版社，2023.6
ISBN 978-7-5220-1920-8

Ⅰ.①中…　Ⅱ.①潘…　Ⅲ.①货币政策—研究—中国、美国　Ⅳ.①F822.0②F827.120

中国国家版本馆CIP数据核字（2023）第039392号

中美货币政策溢出效应及治理机制研究
ZHONGMEI HUOBI ZHENGCE YICHU XIAOYING JI ZHILI JIZHI YANJIU

出版发行　中国金融出版社
社址　北京市丰台区益泽路2号
市场开发部　（010）66024766，63805472，63439533（传真）
网上书店　www.cfph.cn
（010）66024766，63372837（传真）
读者服务部　（010）66070833，62568380
邮编　100071
经销　新华书店
印刷　北京七彩京通数码快印有限公司
尺寸　169毫米×239毫米
印张　10.75
字数　165千
版次　2023年6月第1版
印次　2023年6月第1次印刷
定价　55.00元
ISBN 978-7-5220-1920-8
如出现印装错误本社负责调换　联系电话（010）63263947
编辑部邮箱：jiaocaiyibu@126.com

前　言

货币政策作为一国宏观经济调控的重要手段，对一国经济的稳健可持续发展具有重要的作用。改革开放以来，我国货币政策不断适应经济形势的变化，主动适时进行灵活调整，在推动我国经济高质量发展，实现货币政策最终目标方面取得了显著成效。但随着经济全球化的发展，各国经济通过国际贸易和投资等行为紧密联系在一起，一国货币政策的操作将无法实现传统封闭环境下的独立性。事实上，在开放经济条件下，任何一国的货币政策或多或少都会影响到其他国家，同时也会受到其他国家货币政策操作带来的溢出效应影响，尤其是来自像美国这样的发达国家货币政策操作所带来的溢出效应，无法独善其身。货币政策溢出效应主要是指货币政策操作所带来的货币供应量或利率的变动，会通过利率、资产价格等渠道对本国国内目标经济变量发挥作用，同时也会通过贸易、汇率、利率、资本市场等渠道影响到其他国家的经济变量，进而影响到该国货币政策的执行效果。

在我国对外开放程度不断扩大的背景下，我国货币政策操作一直以来都受到来自美国等发达国家货币政策操作的溢出效应冲击，特别是在2008年国际金融危机以及新冠疫情的冲击下，美国货币政策操作频繁转向，不确定性增强，给我国货币政策操作带来了更大的难度，我国央行也因此一直关注并适时调整我国货币政策操作，以尽可能减少美国等发达国家货币政策操作所带来的不确定性。但与此同时，我国经济总量跃居全球第二，在世界经济中的影响力不断提升，特别是在新冠疫情的冲击下，我国成为2020年全球唯一保持经济正增长的主要经济体。在此背景下，我国央行的货币政策操作似乎也受到了来自美国等更多其他发达国家越来越多的关注。从这一层面来看，货币政策的溢出效应似乎并非呈单向运动，而可能呈现出全球性互溢。所以，如何客观地去衡量中美两国货币政策之间的互溢效应及其传递机制显得尤为重要，这一问题逐渐开始被学界所关注。一些研究开始基于货币政策的常规手段，从利率视角对此展开了探讨。然而，在经济全球化和贸易自由化日益深化的今天，汇率作为一项重要的经济调节杠杆，严格地讲（从狭义角度来看）并非属于货币政策的范畴，但汇率却体现着一国货币的对外价值和该国的经济实力，是连接一国或地区与外部经济的纽带和桥梁。显然，一国汇率波动不仅会对本国的宏观经济活动产生溢出效应，而且也会对本国以外的其他国家产生外溢效应。所以，各国政府都致力于维护本国汇率的稳定，审慎推进汇率制度改革，以尽可能减少汇率波动对全球经济产生的外溢效应。那么，如何从汇率视角探明货币政策的溢出效应及其传递机制，并据此提出科学合理的协调与治理体系，对于各国货币政策当局更好地进行货币政策操作，发挥货币政策对本国经济的赋能效应具有重要的理论价值与现实意义。

因此，本书结合笔者近几年在《国际贸易问题》《财经科学》《上海金融》《西南金融》等杂志上发表的关于人民币汇率、中美货币政策等相关研究成果，以及主持完成的浙江省自然科学基金项目研究成果，对已出版的《汇率、汇率波动及其宏观经济效应研究》一书中关于人民币汇率波动对我国宏观经济变量溢出效应的研究进行了深化，形成更为完整的逻辑体系。本书的研究思路为：以金融学、计量经济学及宏观经济学的跨学科知识为基础，基于汇率视角，对中美两国货币政策操作进行回顾，客观剖析人民币汇率波动与国际化现状，进一步采用非线性结构突变的计量经济学方法从两个方面对中美两国货币政策的互溢效应及其传递机制展开理论与实证研究，并通过博弈论方法就中美两国货币政策的国际协调博弈机制进行分析。最后，在理论与实证分析的基础上，提出中美两国货币政策的国际协调机制及中国治理方案。

本书的研究表明：第一，中美两国货币政策自2008年国际金融危机后至2021年7月出现了四次差异化现象，人民币汇率双向波动变得更加常态化，而我国宏观经济基本面长期向好的趋势性特征为人民币汇率在长期内保持合理均衡水平起到了保驾护航作用，有力地推进了我国人民币国际化，但人民币的国际化程度相较于美元、欧元仍存在一定的差距。第二，美联储货币政策操作会通过汇率与利率联动影响经常项目、资本项目和本外币资产转换的中介传导作用机制所引起的一系列效应，对我国货币政策操作变量利率产生溢出效应。同时，我国货币政策操作对美国也产生了较为明显的逆向溢出效应，但这种逆向溢出效应存在明显的阶段性。从长远来看，这种逆向溢出效应从2005年7月21日人民币汇率制度改革后到2007年12月3日并不存在，但在2009年9月17日之后，我国货币政策操作能够对美国产生显著的逆向溢出效应，从而在一定程度上主动制衡和应对美国货币政策操作对我国带来的负面溢出冲击。第三，只有做好中美两国货币政策的协调与合作，才能实现两国货币政策整体福利水平的最大化（帕累托最优）。

本书从中美两国建立常态化货币政策信息沟通机制、构建互利共赢的货币政策国际协调共同准则、发挥国际性组织在货币政策国际协调中的作用，以及我国主动参与制定全球性国际组织的货币政策协调规则四个方面提出了中美货币政策国际协调与合作的建议，并进一步从“走强‘以我为主’货币政策之路，不断提升货币政策操作独立性；走好人民币汇率制度改革之路，不断完善人民币汇率形成机制；走深持续扩大开放之路，不断加快人民币国际化进程；走实金融风险防范与化解之路，不断提升经济高质量发展的韧性和活力”四个层面架构了“以我为主”的中国货币政策治理体系。

在本书的写作过程中，笔者查阅了大量的文献资料，并开展了大量的研究，得到了很多专家、同仁和学者的指导与帮助，在此深表感谢！特别要感谢广东金融学院博士生导师、闽江学者项后军教授，浙江工商大学钱水土教授、曹伟教授、柯孔林教授，浙江大学金雪军教授，浙江财经大学丁骋骋教授，以及浙江金融职业学院周建松教授、郑亚莉教授、郭福春教授、戴小红教授等领导、专家和学者长期以来给予我的指导与帮助。同时也感谢浙江省自然科学基金委对本项目研究的资助，感谢中国金融出版社的编辑老师们在本书出版、编辑过程中的帮助。

由于笔者水平有限，书中难免存在疏漏甚至错误之处，敬请各位专家、读者批评与指正。

潘锡泉

2023 年 1 月于杭州

目　　录

0 引 言

0.1 研究背景与研究意义

0.1.1 研究背景

在经济全球化的发展趋势下，一国货币政策的制定和实施已很难保持独立性，即使是像美国这样的发达国家可能也不例外。当然，相较于发展中国家，发达国家货币政策的变化（尤其是美联储货币政策操作的频繁性变化）将会给其他国家带来更大的冲击。从当前国际环境来看，全球经济仍处在后危机时代和新冠疫情冲击的大调整中，强劲增长的动力依然不足，政治经济社会领域的“黑天鹅”事件还可能不断涌现。如美国政府陆续推出了一系列咄咄逼人的政策举措，高举贸易保护主义的大旗，退出“跨太平洋伙伴关系协定”（TPP），指控欧元、日元和人民币涉嫌汇率操纵等，着实让世界各国的货币政策执行者大吃一惊，甚至给美联储自身的货币政策操作也蒙上了阴影。正如美联储前主席耶伦所言，“特朗普政府领导下的美国财政和经济面临着一条不确定的路径”，但至少可以肯定的是，“美国的货币政策没有运行在预设的轨道之上”。从经济基本面来看，美国早已达到加息的门槛，继续维持超宽松货币政策的举措显然是得不偿失的。所以，符合美国经济发展长期利益的最佳选择必然是加快加息步伐，但这无疑会加大我国人民币贬值和资本外流的压力，对我国经济造成一定影响，给我国货币政策操作带来更大的不确定性。大量研究也表明，作为世界货币大国，美国利用货币霸权地位，通过美元的发放与回收以及在世界范围内布局美元的货币政策操作，对我国的利率、汇率和资产价格产生溢出影响

（Rosa，2011[1]；黄宪和杨子荣，2016[2]；等等），使我国央行在制定货币政策时除了考虑本国宏观经济调控和发展之需外，还必须考虑到美国货币政策操作动态变化所带来的外溢作用。

但是，反过来思考，我国央行的货币政策操作是否同样也会对美国货币政策操作产生逆向溢出效应呢？这是一个亟待客观回应的议题。事实上，中国经历了40多年的改革开放之后，经济总量跃居全球第二，经济增速引领全球，在全球的影响力显著提升，特别是在新冠疫情冲击的影响下，我国成为2020年全球唯一保持经济正增长的主要经济体。在此背景下，我国央行的货币政策操作似乎也越来越多地受到了来自美国等更多其他发达国家的关注。从这一层面来看，货币政策的溢出效应似乎并非呈单向运动，而可能呈现出全球性互溢。所以，如何客观地去衡量中美两国货币政策之间的互溢效应及其传递机制显得尤为重要，这一问题也逐渐开始被学术界所关注。一些研究开始基于货币政策常规手段之一的利率视角对此展开了探讨。在经济全球化和贸易自由化日益深化的今天，汇率作为一项重要的经济调节杠杆，严格地讲（狭义角度来看）并非属于货币政策的范畴，但汇率却体现着一国货币的对外价值和该国的经济实力，是连接一国或地区与外部经济的纽带和桥梁。显然，一国汇率波动不仅会对本国的宏观经济活动产生溢出效应，还会对本国以外的其他国家产生外溢效应。所以，各国政府都致力于维护本国汇率的稳定，进行相应的审慎汇率制度改革，以尽可能减少汇率波动对全球经济产生的外溢效应。但事实并非如各国所愿，后危机和新冠疫情时代，各国为了尽快达到本国经济复苏的目的，频繁使用各种货币政策手段影响汇率，使其在全球范围内产生了剧烈波动并带来一定的外溢效应。

0.1.2 研究意义

本书以中美两个大国为例，从汇率视角切入，研究中美两国货币政策之间的互溢效应及传递机制，探明大国货币政策操作带来的相互影响，并基于此背景，探究如何做好中美两国货币政策间的协调及治理，构建我国的货币政策治理体系。这不仅具有一定的理论价值，而且对于我国经济复苏，融入全球经济共同发展的目标来说具有极其重要的现实意义，也契合了在G20杭州峰会上各国所期望构筑的包容、联动性全球经济金融治理方案。

0.2 研究思路和研究内容

0.2.1 研究思路

本书按照提出研究问题、分析研究背景、确立研究方法的思路，基于汇率视角对中美两国的货币政策操作及其变迁和异化现象进行了回顾，在此基础上客观分析了人民币汇率波动及走势和人民币国际化现状、面临的困境及破解之策，为从汇率视角研究中美货币政策溢出效应做铺垫。在前期从汇率视角分析人民币汇率波动对我国宏观经济变量的溢出效应的基础上①，首先，本书从两个方面对中美两国货币政策的互溢效应展开理论与实证研究：一是以中美两国为例，基于汇率视角，研究美国货币政策对我国货币政策利率波动的溢出效应的存在性及其具体溢出效应、传递机制；二是以中美两国为例，基于汇率视角，运用事件分析的方法研究我国货币政策对美国货币政策的逆向溢出效应的存在性及其具体溢出效应、传递机制。其次，本书通过博弈论方法就中美两国货币政策的国际协调博弈机制进行分析。最后，在理论与实证分析的基础上，本书提出了中美两国货币政策的国际协调机制及其中国治理方案。具体研究思路（技术路线）如图 0－1 所示。

0.2.2 研究内容

本书基于汇率视角，在对中美两国货币政策的相互溢出效应进行理论和实证分析的基础上，围绕货币政策之间如何做好国际协调提出中国应对治理方案。具体内容包括以下四个部分。

第一部分：中美货币政策的历史性回顾。

（1）对 2008 年国际金融危机后美联储货币政策的变化进行梳理，探讨美联储加息或退出量化宽松货币政策的主要情况及其对汇率的影响。

① 潘锡泉．汇率、汇率波动及其宏观经济效应研究［M］．北京：中国金融出版社，2017.

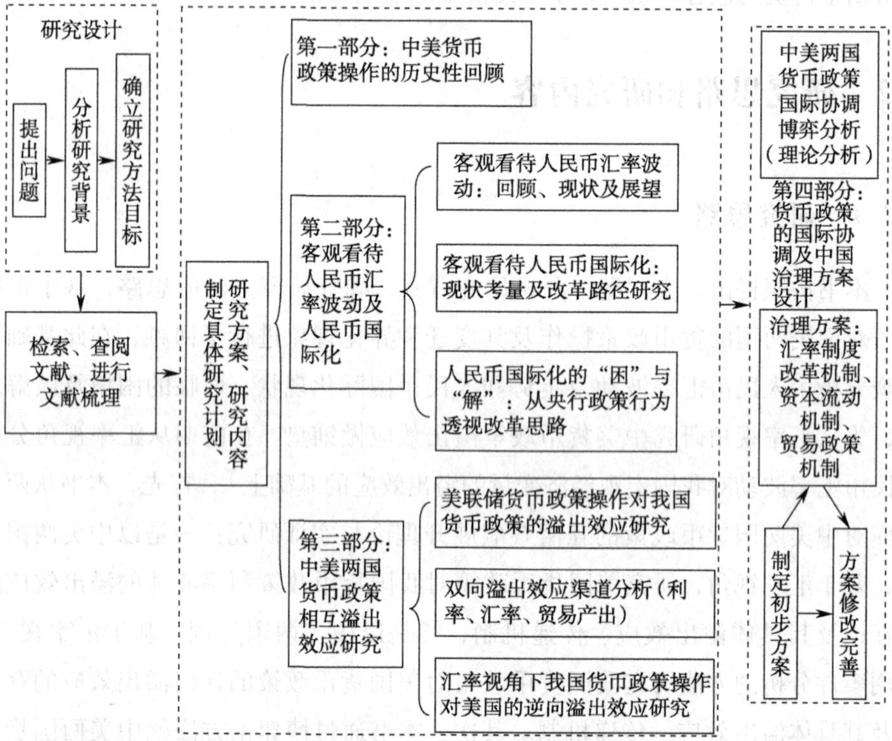

图 0－1　研究思路（技术路线图）

（2）从我国汇率制度变迁视角，回顾我国货币政策在汇率制度改革或变化方面的变迁情况。

（3）在对中美两国货币政策操作的历史变迁进行分析的基础上，就中美两国货币政策操作的差异化现象及其背后的原因进行分析。

第二部分：客观看待人民币汇率波动及人民币国际化。

（1）新形势下人民币汇率波动及趋势性特征研究。客观评价 2015 年人民币汇率制度改革及其效果，分析新形势下人民币汇率波动特征，展望我国人民币汇率走势，提出稳定人民币汇率的建议，为做好汇率视角的货币政策全球溢出效应研究做铺垫。

（2）新形势下人民币国际化及其改革路径研究。基于人民币支付结算职能视角客观分析当前我国人民币国际化现状、面临的问题及其国际影响力，提出人民币国际化的可行路径。

第三部分：中美两国货币政策相互溢出效应研究。

（1）汇率视角下美国货币政策操作对我国央行货币政策的溢出效应研究。

基于利率平价模型，建立美国货币政策操作对我国货币政策利率变量（基于利率平价及其拓展理论模型进行实证研究）的溢出效应模型：

$$\Delta E_f = c + \alpha Cost + \beta i + \gamma i^* \quad (0-1)$$

美国货币政策的操作通过利率（或汇率）的变动影响经常项目变动、资本项目变动和本外币资产转换的中介传导作用机制，从而引起一系列效应。本部分将从这个角度进行剖析，探明美国货币政策操作对我国利率的溢出效应。

（2）汇率视角下我国货币政策操作对美国货币政策逆向溢出效应的存在性及其具体传递机制研究。

以拓展的非抛补利率平价模型为基础进行拓展，建立模型：

$$\Delta E_t = c + \alpha NDF_t + \beta i_t^{ca} + \gamma i_t^{us} + \delta TC_t^{ca} + u_t \quad (0-2)$$

以中美两个国家为例，梳理中国货币政策调整事件（以利率和法定存款准备金率调整作为我国货币政策事件），基于事件分析法探讨中国货币政策调整对美国货币政策变量的逆向溢出效应的存在性及其溢出传递机制。

第四部分：货币政策的国际协调及中国治理方案设计。

一是中美两国货币政策国际协调的博弈分析，并提出中美政策差异化背景下我国货币政策治理体系；二是中美政策差异化背景下我国货币政策操作策略。

（1）基于中美两国货币政策的异质性，设计如何处理好中美两国之间的货币政策协调机制，并从汇率制度改革机制协调、利率渠道的协调和贸易政策机制协调等方面提出我国货币政策治理的国际协调路径。

（2）在协调机制分析的基础上，按照“疫情要防住、经济要稳住、发展要安全”的要求，坚持“以我为主，兼顾内外平衡”的原则，全面贯彻新发展理念，加快构建新发展格局，加大稳健货币政策的实施力度，发挥好货币政策实施的总量和结构双重功能，聚焦重点、合理适度，激活货币政策服务实体经济的有效性，并据此提出我国应对美国货币政策变化的方案与货币政策操作策略：一是人民币汇率制度改革机制方面的应对方案，如择时调整汇率政策，加快推进人民币国际化的步伐，发挥人民币对一篮子货币的稳定性功效。二是资本流动渠道方面的应对机制，如完善对跨境资本流动的宏微观审慎管理，打击非法跨境资本的出入，引导国内资本进入实体经济；充分发挥巨额外汇储备的功效，稳定人民币汇率。三是贸易政策机制上的应对，如加快贸易转型升级步伐，改变“低端制造贸易”的非对称性局面，挖掘贸易优势，打造“高端智造”贸易优势，推进“一带一路”贸易渠道的开拓。

0.3 研究方法与创新点

0.3.1 研究方法

本书以金融学、计量经济学及宏观经济学的跨学科知识点为基础，分析了人民币汇率改革历程，以多种汇率理论为指导，采用计量经济学方法和博弈论方法对我国人民币汇率的波动性特征及趋势、人民币国际化进程中的困境、美国货币政策对我国的溢出效应，以及汇率视角下中国的货币政策操作对美国货币政策的逆向溢出效应的存在性及其传递机制进行了研究，并架构起货币政策操作国际间的协调机制及应对美国货币政策操作的中国治理方案，相关的研究方法包括以下三种。

（1）理论与实证相结合

基于多种汇率理论（开放框架下的汇率传递理论、利率平价理论等）对人民币汇率波动特征、人民币汇率波动对我国宏观经济变量的溢出效应、中美货币政策的相互溢出效应进行理论分析，并进一步结合我国汇率制度改革的现实以及汇率政策的制定与调整，采用包括结构突变协整检验方法、向量误差修正模型等多种计量方法在内的实证分析方法研究中美货币政策之间的溢出效应及传递机制。通过博弈论中的纳什均衡、斯塔克尔伯格均衡、合作均衡等探究中美两国货币政策的国际协调博弈机制，为中美两国货币政策的国际协调和中国治理方案架构奠定理论基础。

（2）一般均衡分析与局部均衡分析相结合

一般均衡分析方法涉及各个变量之间错综复杂的关系，各种经济单位的行为往往相互交织以构成一个总体的内在系统，而局部均衡分析方法则侧重于单个经济变量的变动如何对其他的经济变量产生影响。本书在具体研究过程中，既采用了一般均衡分析方法从理论上分析了各个变量之间错综复杂的关系，也采用了局部均衡分析的方法研究了单一汇率波动对中美货币政策溢出效应的影响，将两者进行了有机的结合。

（3）演绎与归纳相结合

采用演绎和归纳相结合的方式，围绕中美两国货币政策溢出效应及其传递机制归纳出货币政策全球国际协调机制，以 G20 杭州峰会联动、包容的全球经济治理方案为参照，架构出全球货币政策协调的中国治理方案。

0.3.2 创新点

（1）研究视角上的创新

第一，本书摒弃了传统货币政策溢出效应（以美国为代表的发达国家货币政策对以中国为代表的发展中国家货币政策溢出效应）的研究思路，反过来考察中国货币政策变化对美国货币政策的逆向溢出效应，这是对现有传统文献的有益补充；第二，本书摒弃了传统文献将汇率排斥于货币政策范畴之外（汇率本质上而言属于广义货币政策范畴）而基于利率渠道进行研究的局限性，提出基于汇率渠道对货币政策溢出效应展开研究，这显然是对现有的货币政策溢出效应研究的有效拓展。

（2）研究方法上的创新

传统的基于线性视角研究中美货币政策溢出效应的文献往往忽略了诸如汇率制度改革、金融危机冲击等外界冲击可能给研究结果带来的影响，而本书将运用能够客观地检测外界冲击的非线性方法对中美货币政策的溢出效应（或逆向溢出效应）进行研究，能够更精确地反映货币政策的具体溢出效应。另外，本书还将运用能够规避非同阶单整情况下的协整检验方法对汇率视角的货币政策溢出效应进行研究，能够有效地克服传统研究中必须基于同阶单整才能进行研究的局限性。

1 国内外研究现状及评述

1.1 国内外研究现状

货币政策溢出效应是指货币供应量或利率的变动，不仅会通过利率、资产价格等渠道对本国国内目标经济变量发挥作用，而且会通过贸易、汇率、利率、资本市场等渠道影响其他国家经济变量，进而影响该国货币政策的执行效果。也有一些研究认为，货币政策溢出效应是一种宏观经济政策外部性在货币政策工具传递上的体现。一国货币政策不仅可以通过金融市场渠道、贸易渠道，也可以通过大宗商品价格和信息渠道等对其他国家宏观经济政策产生影响并发挥作用。关于货币政策溢出效应研究，最早源于国际间经济相互依存性的讨论，由 Meade（1951）[3] 开创性提出，Cooper（1969）[4]、Hamada（1976）[5] 等进行了进一步拓展，后续学者则在此基础上围绕货币政策溢出效应的存在性、传递渠道及国际协调等方面进行了研究。

1.1.1 货币政策全球溢出效应的存在性研究

关于国家之间货币政策溢出效应存在性问题的研究主要是以美国等为代表的发达国家货币政策对其他国家货币政策的溢出效应为主，也被认为是大国货币政策的溢出效应研究。具体来看，既有理论层面的研究，也有实证层面的研究。理论研究方面，Dees 等（2010）[6] 从供给、需求和货币政策冲击对于产出的影响的视角展开了研究。该研究认为，相比于供给和需求冲击，货币或汇率政策冲击在世界经济的变化中，只能起到短期作用。Gadatsch（2015）[7] 通过构建一个小型开放 DSGE 经济模型，研究了主权债券市场利差对于实体经济的影响。

实证研究方面，Kim 和 Nguyen（2009）[8]研究了美联储货币政策对新兴经济体宏观经济的溢出效应，并发现联邦基金利率的下降会明显提高新兴经济体的宏观产出和通货膨胀水平，但对新兴经济体的就业水平影响却并不明显。Sheehan（1987）[9]、Chung（1993）[10]、Kim（2001）[11]、Mackomiak（2008）[12]、Wu 和 Liu（2009）[13]、Neri 和 Nobili（2010）[14]、Hausman 和 Wongswan（2015）[15]等采用美国货币政策工具（货币供给量或利率的变化）对不同汇率制度类型国家、不同发展水平国家（发达国家或发展中国家）以及 G7 国家货币政策的溢出效应存在性进行了研究，得到的结论虽然普遍认为大国货币政策会对其他国家货币政策产生显著溢出效应，但具体的溢出效应效果存在一些差异。与此同时，也存在一些研究并不认为大国货币政策会对其他国家产生显著性溢出效应。因此，从目前研究来看，仍然存在两种观点。

（1）美国货币政策波动对其他国家货币政策存在溢出效应

普遍研究认为，美国货币政策对大部分国家货币政策存在溢出效应（Sheehan，1987[9]；Kim 和 Nguyen，2009[8]；Neri 和 Nobili，2010[14]；Hausman 和 Wongswan，2015[15]；邢天才和唐国华，2011[16]；王艳和张鹏，2012[17]；陈嘉骞等，2015[18]；等等），美国能够借此主动制约他国货币政策的实施效果及最终目标的实现，并对他国经济进行干预。早期对货币政策溢出效应进行理论研究的学者认为，在经济全球化的背景下，货币政策的溢出效应源自国家之间的相互依存，任何一个国家不能单独决定商品或资产的价格，必须同时考虑其他国家货币政策的溢出效应。Holman 和 Neumann（2002）[19]对美国和加拿大之间的货币政策传导机制进行研究发现，在短期和长期中，两国的货币冲击对短期的经济偏离和长期均衡均能够起到重要作用。Miyakoshi 和 Jalolov（2005）[20]以亚洲 6 国为样本，考察了美国货币供给量和利率冲击对这些国家的影响，结果发现，亚洲 6 国宏观经济变量的确受到了来自美国货币政策的冲击和影响。Tillmann（2016）[21]剥离美联储货币政策公告和不确定因素冲击，通过 GVAR 模型研究了美联储量化宽松货币政策对新兴市场国家的溢出效应。研究发现，美联储量化宽松货币政策会导致新兴市场国家资本流入、股市和汇率的上涨。Ahmed 等（2017）[22]的研究同样认为，美联储的量化宽松货币政策对新兴市场国家会产生显著的溢出效应，且这种溢出效应表现为“锥形效应”。Fratzscher 等(2017)[23]进一步检验了美国量化宽松货币政策对全球新兴市场国家溢出效应的异质性。该研究发现，新兴市场国家货币政策和杠杆率会严重受制于美国货币政策。

从国内研究来看，吴宏和刘威（2009）[24]运用SVAR模型研究发现，美国货币政策可以在本国经济基本上不受影响的情况下，对其他国家经济增长产生负面压力，并能改善本国国际贸易收支。尤阳、马理和何云（2020）[25]采用2008年12月至2019年3月发达国家与发展中国家两个子样本的月度数据，使用贝叶斯估计的面板向量自回归（BPVAR）模型，就美联储货币政策转向前后对不同类型国家的溢出效应及其差异性进行了实证研究。该研究发现，美联储货币政策对外溢出效应往往有利于发达国家，而对发展中国家则会产生严重的不利影响。展凯、王茹婷和张帆（2021）[26]基于高频识别和反事实分析方法就美国货币政策对我国宏观经济的溢出效应进行了研究。该研究认为，美国货币政策冲击对我国宏观经济的影响及其传导途径在2008年国际金融危机前后具有显著的不一致性，呈现出较为明显的非对称性影响。具体而言，在2008年国际金融危机之前，美国货币政策对我国宏观经济的冲击主要通过汇率渠道影响通货膨胀和产出，在2008年国际金融危机之后，美国货币政策对我国宏观经济的冲击更多地是通过基础货币渠道进行传递和影响。刘金全等（2020）[27]对比了美联储与其他发达国家退出量化宽松货币政策对新兴经济体的溢出效应，发现前者的溢出效应强度与持久度均比后者强。

（2）美国货币政策波动对其他国家货币政策溢出效应不明显

虽然普遍研究认为，以美国为代表的发达国家货币政策会对其他国家的货币政策或宏观经济变量带来显著溢出效应，但也有一些研究发现，存在一些国家的货币政策并不会受到美国货币政策变化所带来的溢出影响（Kim，2001[11]；Mackomiak，2007[12]；Wu和Liu，2009[13]；等等）。他们认为，美国货币政策对一些固定汇率制度国家或地区的溢出效应似乎并不完全显著。Chung(1993)[10]、Mackomiak（2007）[12]等研究同样验证了这些现象。他们的研究指出，采取浮动汇率制度的国家受美国货币政策的溢出效应影响强烈，而采取固定汇率制度的国家受到的影响相对较弱，甚至不存在。国内学者许志伟等（2020）[28]就美国利率变化对我国利率市场的影响进行的研究同样认为，美国货币政策的变化不会直接对我国货币政策产生溢出影响，其原因是我国存在金融账户资本管制，导致传递效应不显著。

（3）我国货币政策的溢出效应研究

近年来，随着我国经济实力和国际地位的提升，一些学者开始关注我国货币政策是否也会对其他国家产生溢出效应。邓创和席旭文（2013）[29]较早地研究了中美两国之间货币政策的相互溢出效应。该研究采用时变参数向量自回归模型（TVP－VAR）实证检验了中美两国利率冲击对自身和对方产出及通货膨胀的影响，指出我国货币政策会对美国货币政策产生“火车头”式的溢出效应。后续的研究中，杨子荣、徐奇渊和王书朦（2018）[30]的研究认为，大国之间货币政策溢出效应极其重要，并通过构建DSGE模型，嵌入一价定律缺口与资本不完全流动条件，就中美大国货币政策双向溢出效应的方向与程度进行了比较研究。该研究认为，中美两国货币政策存在互相溢出效应，但存在较为明显的非对称性。美国货币政策对我国货币政策的溢出效应明显，尤其是数量型货币政策方面，但相对而言，美国货币政策对本国经济变量的影响更为明显。崔百胜和葛凌清（2019）[31]运用GVAR方法研究了中、美、日之间的货币政策溢出效应，发现中国价格型货币政策对美国和日本的GDP影响一致，但对通货膨胀的影响却存在异质性现象。刘洁、许泽想和董科（2020）[32]通过构建非线性计量模型，就我国央行货币政策操作对美国宏观经济波动是否存在影响进行了实证检验。该研究认为，我国央行货币政策操作中数量型货币政策对美国宏观经济波动的影响效应较小，而价格型货币政策却会对美国宏观经济波动产生较大的影响，且这种影响机制存在非线性效应，在我国经济高涨时期会产生更大的溢出效应，经济萧条时期次之，经济平稳时期的影响幅度相对最小。

1.1.2 货币政策全球溢出效应的传递渠道研究

在货币政策全球溢出效应存在性得以普遍认同的基础上，大量研究围绕货币政策溢出效应的传递机制，从利率传递渠道、资本市场传递渠道、汇率传递渠道和贸易产出传递渠道对此展开了探讨。

（1）利率渠道的传递机制研究

关于利率渠道方面的传递机制研究，主要是围绕一国利率水平的变动对其他国家利率水平和资本市场（资产价格）的冲击，进而引起资本流动和重新配置展开的（Glick 和 Hutchison，1990[33]；Kim 和 Nguyen，2009[8]；Shamiri 和 Isa，2010[34]；杨子荣，2016[35]；等等）。这也成为当前解释货币政策溢出效应的最主流方式。在利率渠道传递方面，美国货币政策变化可以显著地影响到其他国家的长期利率（Canova，2005[36]；Morgan，2011[37]）。Fratzscher 等（2012）[38]的研究也证实了这一结论，美国的量化宽松货币政策引起了 65 个国家的国债收益率水平的下降。Bowman 等（2014）[39]发现，美国非常规货币政策对 17 个新兴市场国债收益率产生了显著影响。Albagli 等（2015）[40]利用事件研究法比较了美国货币政策对于发达国家和新兴市场经济体影响的差异，发现美国货币政策对发达国家的影响主要通过风险中性利率相关信号渠道进行传递，而对新兴市场经济体的溢出效应主要集中在期限溢价渠道。Burger 和 Warnock（2017）[41]发现，美联储长期利率调整比短期利率调整的溢出效应更显著，降低长期利率将导致新兴市场国家的债券收益率下降和国外投资规模缩减。Albagli 等（2019）[42]的研究同样指出，发达国家货币政策调整会通过利率渠道影响其他国家。国内的金春雨和张龙（2017）[43]基于利率渠道研究了一国利率变动对其他国家的溢出效应。该研究认为，一国利率的上升会缩小两国之间的利差，补偿利息平价会引起直接标价法的远期贴水。利差的存在会引起国际投机机构进行套利，从而对该国宏观经济产生不利影响。黄宪和白德龙（2017）[44]基于"一带一路"沿线国家样本进行的研究指出，中国货币政策对"一带一路"沿线国家和地区的汇率、短期利率、长期利率具有明显的溢出效应。

（2）资本市场渠道的传递机制研究

在资本市场渠道方面，一些研究认为，货币政策的变动可带来市场波动率上升（Gertler 和 Karadi，2013）[45]，尤其是大国货币政策的扩张会同时通过"推送渠道"和"拉引渠道"对外产生溢出效应（Sousa 和 Zaghini，2008）[46]，进而导致资本在全球范围内的流动与调整（Fratzscher 等，2012[38]）。该渠道在发展中国家或者新兴市场国家表现得尤为明显（Carrière - Swallow 和 Céspedes，2013[47]；Christiano 等，2014[48]；Gete 和 Melkadze，2018[49]）。在实践中，Koepke（2008）[50]、Ahmed 和 Zlate（2014）[51]等研究发现，美联储及欧洲央行等发达经济体的货币政策成为资本流动的主要驱动因素，同时资本流动也成为美国货币政策冲击传导至新兴市场国家的重要渠道。Fahr 和 Zochowski（2015）[52]分析了宏观审慎政策国际溢出效应的作用机制，认为资本措施可以通过激励银行贷款组合规模或构成的变化来影响向家庭和企业提供的跨境银行信贷，流动性措施也可以通过改变银行间贷款来影响跨境银行信贷。Bowman 等（2015）[53]发现美国量化宽松货币政策对新兴市场国家的金融市场波动有显著影响，会导致新兴市场国家债券收益率下降，而金融稳定是决定溢出效应大小的重要因素。Gagnon 等（2017）[54]研究认为，发达国家的货币政策调整会通过资本流动传导到其他国家。谭小芬和邵涵（2020）[55]基于资本市场渠道，研究了美国货币政策对新兴市场国家的影响。该研究发现，美国货币政策对新兴市场国家资本流动存在显著的溢出效应，其溢出效应大小主要取决于接收国的贸易发展水平、汇率制度、金融发展和资本账户开放程度。对于不同类型的资本流动，美国货币政策的溢出效应存在较为明显的异质性。

（3）汇率渠道的传递机制研究

大量的研究认为，在开放经济条件下，一国实施扩张性或紧缩性货币政策，将会通过货币供给量影响到利率或汇率，从而通过支出转换效应影响到他国的贸易收支，或者通过一国汇率影响该国的贸易条件与国际购买力，进而影响总产出和生产要素的进口成本，从而对该国实体经济产生影响（Jang 和 Ogaki，2004[56]；黄宪和杨子荣，2016[2]；等等）。诸多学者已证实美国量化宽松与紧缩性货币政策可引起外国货币的汇率变化以及经济产出的波动（Jang 和 Ogaki，2004[56]；Dedola 等，2013[57]）。Gagnon（2017）[54]的研究认为，本国减少货币供给行为会引起本币购买力的相对上升和商品价格的相对下降，进而导致外币面临贬值压力，对应国进行反向货币政策操作，卖出外汇资产，外币在外汇市场上的供应量减少，需求量增加，降低外币的贬值压力，外汇占款的减少会引起对应国资本市场流动性的下降，进而本国货币政策基于汇率渠道对邻国的资本市场产生负面效应。Emenike（2018）[58]的研究则认为，一国实施宽松货币政策会使本国货币市场流动性加强，本币趋于贬值，进而有助于本国产品和劳务的输出，带动经济的增长，同时对应国本币相对升值，对本国带来有利的外需冲击。Rohit 和 Dash（2019）[59]研究认为，发达国家的货币政策调整会通过汇率调整传导到其他国家。李自磊等（2013）[60]使用 SVAR 模型证实了美国的货币政策会通过汇率渠道影响我国经济。刘尧成和庄雅淳（2016）[61]、欧阳志刚和张圣（2016）[62]检验了美国货币政策调整对人民币汇率产生的冲击，发现人民币币值的稳定性也会受到美国货币政策调整的影响。黄宪和杨子荣（2016）[2]运用事件分析法，捕捉到在超短期内中国货币政策调整会显著冲击到美国货币政策的中介变量（利率和汇率）。

（4）贸易产出渠道的传递机制研究

关于贸易产出渠道传递机制方面的研究，普遍认为货币政策会通过影响本国货币供给量和利率的变化引起本国进出口贸易条件的变化，辅之以汇率渠道的共同作用影响资本流动，进而影响其他国家的贸易状况和资本流动，产生溢出效应（Grilli 和 Roubini，1992[63]；Benigno 和 Benigno，2006[64]；等等），但最终溢出效应到底是正向还是逆向却存在不确定性，取决于商品本期和跨期替代弹性等外生因素。Kim（2001）[11]用 VAR 模型检验了美国货币政策冲击对 6 个欧洲发达经济体的影响，发现美国扩张性货币政策会通过影响其他国家的贸易平衡来影响相关国家的经济。Moder（2017）[65]的研究认为，发达国家的货币政策调整会通过进出口变化影响到其他国家。陈虹和马永健（2016）[66]研究了美国量化宽松货币政策对 G20 国家的溢出效应，发现对固定汇率制下的国家会产生更大的冲击，其主要影响渠道为国际贸易渠道。

1.1.3 货币政策的国际协调研究

在货币政策溢出效应及传递渠道研究基础上，一些研究开始关注如何做好货币政策溢出效应的国际协调。从目前研究来看，主要基于以下两个方面展开。

（1）货币政策国际协调的实施（博弈）机制研究

关于货币政策国际协调的研究主要是基于博弈论模型探讨国际货币政策之间的协调，其结果往往是各国货币政策之间并不能达到很好的协调，反而陷入

“囚徒困境”的状态。当然，也有研究反对国际货币政策协调中的“囚徒困境”说法（Rogoff，1985[67]；Kehoe，1988[68]）。他们认为，如果非合作第三方参与者进入博弈，则合作可能会适得其反，“囚徒困境”问题将会转变成“僵局博弈”。甚至也有研究认为，在第三方非合作参与者出现的情况下，“囚徒困境”均衡将会转变为“和谐博弈”（Carraro 和 Giavazzi，1991）[69]。实践中，陈雨萱和杨少华（2018）[70]考察了发达经济体货币政策对我国经济、金融运行产生的溢出效应，同时就我国对不同发达经济体货币政策调整的反应模式进行了研究，认为国家之间货币政策需要做好合理的协调，形成国际合作，实现“双赢”。倪民（2019）[71]的研究则认为，我国货币政策应该随着国际货币政策的变化而进行不断的调整，以使货币政策能够与国际货币政策协调一致，同时也需要考虑世界经济环境的变化，在推进利率市场化改革和人民币国际化的过程中，密切关注利差的变动以及汇率的变动，以避免或者降低国际货币政策溢出效应对我国经济的影响，从而起到国际间货币政策的协调作用。

（2）货币政策国际协调的实施效果研究

关于货币政策国际协调方面的研究，多数学者认为，一国从货币政策协调中得到的收益很小，因为浮动汇率制将有效地切断外国经济波动对本国就业和产出的影响（McKibbin，1997[72]；Obstfeld 和 Rogoff，1995[73]；Corsetti 和 Pesenti，2001[74]；等等）。当然，也有一些持反对意见的学者认为，各国可能会从货币政策协调中获得额外的潜在收益（Sutherland，2004）[75]，而潜在收益的大小则与全球货币政策溢出效应的大小有关系，这取决于模型的参数值（Canzoneri 和 Gray，1985[76]；Canzoneri 和 Henderson，1992[77]；等等）。Benigno 和 Benigno（2006）[64]则认为，从货币政策国际协调得到的收益主要取决于经济冲击的来源。进一步地，Clarida 等（2002）[78]、Pappa（2004）[79]、Corsetti 和 Pesenti（2005）[80]等将货币政策国际协调收益与汇率传递程度联系起来进行了研究。他们的研究认为，货币政策的优化需要通过协调机制进行改进，而且这还取决于跨期弹性现值和不同国家间所生产的商品替代弹性。国内方面，一些研究采用数值模拟方法就货币政策国际协调的实施效果进行了分析。黄安仲（2008）[81]利用数值模拟方法，以经济稳定性为标准，分析了货币政策国际协调对我国宏观经济带来的影响。该研究表明，2001 年以来国际货币政策协调对我国产出和进出口以及消费的稳定性带来了正向赋能效应，但同时也降低了我国利率和汇率水平之间的长期稳定性。还有一些研究则从博弈论视角就国际货币政策协调的实施效果进行了分析。岑丽君和程惠芳（2012）[82]基于中美两国货币政策之间的动态协调关系，利用 NOEM 模型框架测算了中美两国货币政策协调的收益。该研究认为，当中美两国各部门受到的冲击相关性较低时，货币政策国际协调能带来显著的福利改进，但在其他情况下，并没有取得较好的成效。实践中，陈晓莉和刘晓宇（2020）[83]基于我国金融业对外开放进一步扩大的背景，通过 BIS 和 IBRN 的相关数据实证检验了我国与其他国家货币政策（宏观审慎政策）之间的国际溢出效应。该研究认为，我国实施宏观审慎政策会显著影响到资金的跨国流动，而其他国家宏观审慎政策的波动则会对我国房价和银行信贷产生显著溢出效应，会影响我国的金融稳定，并提出我国非常有必要参加以宏观审慎为主要特色的货币政策国际协调。

1.2 国内外研究述评

现有研究对货币政策的溢出效应存在性、货币政策溢出的主要渠道效应，以及如何进行货币政策国际间的协调都进行了较好的探讨。一些研究还考虑到，货币政策溢出效应可能存在非线性现象。如韩景倜和孟凡祥（2019）[84]基于新凯恩斯开放宏观经济框架模型，利用贝叶斯估计和数值模拟方法，分析了美联储货币政策对我国经济的非线性冲击效应，以及我国央行在面对冲击时的应对措施。这些为我们进一步深入研究做好了铺垫，但总体来看，现有研究仍存在一些局限性，主要可概括为两个方面。

（1）现有研究更多地侧重于以美国为代表的发达国家货币政策对其他国家货币政策的单向溢出效应，而忽视了货币政策可能存在的逆向溢出效应，这可能源于各国央行主观上的偏见，认为只需要做好美国货币政策对本国产生的溢出效应的防范即可，而没有考虑到本国经济的强势崛起（比如说我国）反而会导致货币政策的逆向传递。即使一些研究已经意识到，随着我国经济综合实力的提升以及全球经济地位的不断提高，我国货币政策可能同样会对其他发达国家或者相关发展中国家产生溢出效应，甚至还探讨了数量型货币政策和价格型货币政策溢出效应的差异性。如崔百胜和葛凌清（2019）[31]考虑到了我国货币政策变动可能会影响到其他一些国家，并通过实证检验分析了我国数量型货币政策和价格型货币政策对世界主要经济体（日本、美国和欧盟）在实际GDP、通货膨胀、利率和货币供应量方面的溢出效应，同时还考虑了我国货币政策溢出效应对其他国家在汇率、信贷、财富和资产组合再平衡等方面的传递机制。刘洁、许泽想和董科（2020）[32]考察了我国央行货币政策操作对美国宏观经济波动的影响效应，该研究主要从我国数量型货币政策（货币供给量的变化）和价格型货币政策（利率变化）的角度进行了分析。但这些研究更多地侧重于利率传递渠道研究中美两国货币政策的溢出效应，可能是考虑到汇率从严格意义上而言并非货币政策范畴，但事实上，从广义层面来看，汇率也是中央银行货币政策操作的重要工具，而且汇率波动渠道引起的冲击效应可能更强。所以，有必要从汇率渠道的视角考虑货币政策的全球溢出效应。

（2）现有关于国际货币政策协调机制的研究集中于具有相似特征的国家，它们所基于的理论框架具有一个明显的缺陷，即除了可能遭受不同的经济冲击外，默认为两个国家具有完全相同的特性。这样的框架显然不能适用于处在不同发展阶段或具有不同体制的国家之间的货币政策协调问题。

2 汇率变迁视角的中美货币政策操作回顾

汇率衡量一国货币的对外价值，是联结一国或地区经济的重要纽带，从广义上而言是货币政策的重要政策工具之一，被普遍应用于一国货币政策操作中。回顾中美两国货币政策历程，中美两国基于本国货币政策操作之需，对本国汇率制度进行了积极调整。货币政策的变化对中美两国经济的稳健运行起到了积极作用，但同时对两国之间货币政策的操作也带来了一定的溢出效应。

2.1 汇率变迁视角的美国货币政策操作回顾

美国汇率制度的演变及美元汇率的波动既能够反映出美国汇率政策的演进逻辑，也能够反映出汇率在美国货币政策操作中的动态变化过程。围绕美国汇率制度与汇率波动考察美国货币政策的演变逻辑，能够较好地洞悉美国货币政策的操作过程，以及美联储货币政策操作的目的，为货币政策溢出效应研究奠定基础。

2.1.1 2008 年国际金融危机前美联储货币政策变化（2002—2008 年）

2001 年，美国经济在高科技泡沫破灭和“9·11”恐怖事件的双重冲击下，陷入了空前的困境，经济增长率从 2000 年的 3.7% 迅速降至 0.8%。为了刺激经济，美联储开启了高额的减税计划和降息政策。自 2001 年起，经过 11 次的降息，美联储将联邦基金利率从 6.5% 降至 1.75%。这种扩张性的货币政策和财政政策的双重刺激，在很大程度上对美国经济起暖回升产生了助推效应，帮助美国经济实现了较好地复苏，但也带来了较为不利的溢出效应，导致美国财政赤字的大幅上升和国债收益率的大幅下降，使美元出现了较大幅度的贬值。到

2008 年 3 月，美元指数跌至 70，创下了自 1973 年以来的新低，相比于 2002 年 1 月的高点，贬值了 37.21%。这一阶段，美国政府企图通过弱势美元刺激出口带动美国经济的复苏，提升就业率，美国政府基本上没有对汇率进行干预，而是保持了跟随汇率走势的无干预汇率政策。时任美国财政部部长斯诺 2003 年 5 月在法国举行的 G7 峰会上表示，"美国在继续实施强势美元政策的同时，不再以市场汇率衡量美元强劲程度，弱势美元并不体现在汇率方面"，更多地体现在兑换美元的信心方面。

2.1.2 2008 年国际金融危机后美联储实施量化宽松货币政策（2008—2015 年）

2008 年国际金融危机爆发并蔓延至全球，国际资本为了追求安全性而大量流入美国，使美元在 2008—2009 年出现了短暂的升值，但由于美联储不断推出量化宽松货币政策，以及美元汇率走势与当时美国经济发展的基本面出现了较大的背离，导致美元在 2009 年以后再度出现了走弱。直到 2013 年 5 月，时任美联储主席伯南克表示，将减少美元资产的购入量，预示着美联储将逐步退出量化宽松货币政策。根据数据统计，从 2008 年底至 2014 年 10 月，美联储先后出台三轮量化宽松货币政策，总共购买资产约 3.9 万亿美元。美联储持有的资产规模占国内生产总值的比例从 2007 年底的约 6.1% 大幅升至 2014 年底的 25.3%，资产负债表扩张到前所未有的水平。此后，美元指数开始上行。直到 2014 年，在美国经济得到逐步复苏的情况下，美联储开始考虑逐步退出 2008 年国际金融危机后连续出台的超宽松货币政策。至此，美联储退出了量化宽松货币政策，继而引发了美元大幅度的升值。

2.1.3 美联储退出量化宽松货币政策（2015—2018 年）

2015 年 12 月 16 日，美联储宣布将联邦基金利率上调 25 个基点到 0.25% ~ 0.5%，宣告结束历时 7 年的零利率政策，步入新的加息周期。此后，美联储分别于 2016 年 12 月、2017 年 3 月和 2017 年 6 月三度加息。由于加息节奏相对缓慢，预期管理顺利，市场反应整体平静。2017 年 10 月，美联储正式启动缩减资产负债表（缩表）计划，通过加息与缩表的政策组合，继续推动货币政策回归常态。截至 2018 年 12 月底，美联储在本轮加息周期中共加息 9 次，将联邦基金利率目标区间上调至 2.25% ~2.5% 的水平。

2.1.4 美联储降息重启量化宽松货币政策（2018 年至今）

为防范全球经济增长放缓和贸易政策不确定性带来的下行风险，2019 年 7 月 31 日，美联储宣布将联邦基金利率目标区间下调 25 个基点到 2% ~2.25% 的水平，这是自 2008 年 12 月以来美联储首次降息。美联储同时宣布于 2019 年 8 月结束资产负债表缩减计划。此后，美联储又于 2019 年 9 月 18 日和 10 月 30 日分别降息 25 个基点，将联邦基金利率目标区间降至 1.5% ~1.75% 的水平。利率“三连降”后，美联储认为当前利率水平合适，货币政策步入观望阶段。2020 年 3 月 3 日，美联储宣布将联邦基金利率目标区间下调 50 个基点到 1% ~1.25% 的水平，以应对新冠疫情对美国经济造成的影响。这是 2008 年国际金融危机以来美联储采取的首次非常规紧急降息（货币政策例会之外的降息）。2020 年 3 月 15 日，美联储宣布将联邦基金利率目标区间下调 1 个百分点到 0% ~0.25% 的超低水平，同时启动 7000 亿美元的量化宽松计划。与 2008 年国际金融危机不同的是，美国当前并未面临金融危机，美国面临的是新冠疫情引发的公共卫生危机和潜在经济衰退风险。虽然美联储“零利率 + 量化宽松”的非常规货币政策工具组合并不能阻止新冠疫情蔓延，但可通过降低融资成本、为市场注入流动性、满足家庭和企业信贷需求等渠道，缓和疫情对美国经济和金融机构的冲击，旨在避免这场公共卫生危机恶化导致的美国经济衰退甚至金融危机。美国此次力度空前的量化宽松货币政策的实施，使美国利率水平处于空前的历史低位，美元从极度短缺到流动性泛滥，美元指数一路下滑（见图 2 – 1），金融资产价格屡创新高。同时，此次空前的量化宽松货币政策也给美联储货币政策的实施和管理带来了空前的压力和难度，引发了金融市场定价扭曲等现象。

美联储在 2008 年国际金融危机后的多次非常规货币政策操作（量化宽松货币政策）及其退出，对美联储利率和基础货币产生了较大的影响，改变了美元流动性，为美国从 2008 年国际金融危机中复苏，以及应对新冠疫情影响带来了积极的效应，但对全球其他国家和地区的货币政策操作带来了较为明显的溢出效应，使全球范围内各国间资本流动以及金融市场和汇率的波动变得更为剧烈。

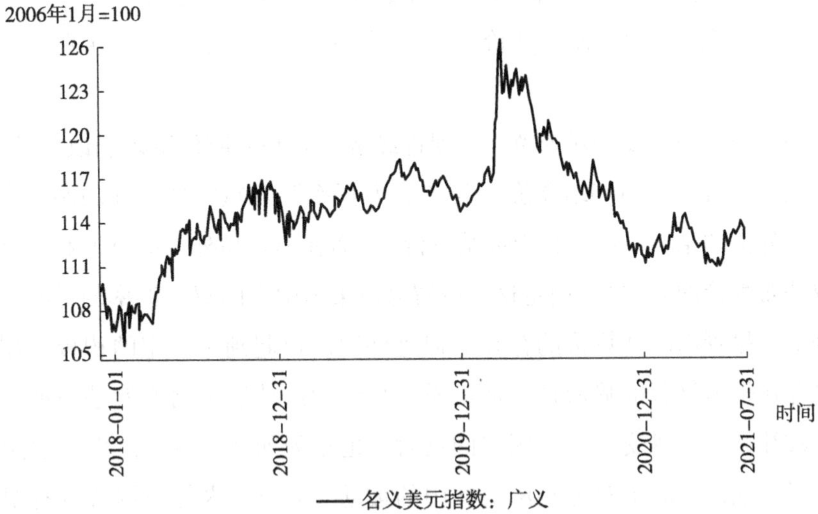

图 2-1 美元指数（2018 年 1 月 1 日—2021 年 7 月 31 日）

（数据来源：Wind）

2.2 汇率变迁视角的中国货币政策操作回顾

2.2.1 改革开放后的汇率制度变革阶段（1978—2005 年汇改）

1978 年 12 月，党的十一届三中全会召开，标志着我国经济进入了崭新的改革开放时期，经济体制也相应地由原先的计划经济体制向市场经济体制进行过渡，人民币汇率制度也相应地随着经济体制的改革而不断进行新的调整与变革。这一时期，人民币汇率经历了双重汇率性质的阶段（1979—1994 年）和实质上盯住美元的固定汇率制度阶段（1994—2005 年汇改）两个阶段。

（1）双重汇率性质的人民币汇率阶段（1979—1994 年）

在这一阶段，我国经济正处于转轨时期，市场经济的选择意味着我国经济将要由封闭走向开放，而不能反映市场经济变化的僵化的人民币汇率制度必然要被淘汰，所以原先计划经济时期的汇率制度必然需要做出重大的变革。纵观这一时期我国的人民币汇率制度，其本质上是采取了具有过渡性质的双重汇率制度①。所以，这一时期的人民币汇率制度演变同样可分为两个阶段。

①“人民币汇率内部结算价”与“官方汇率”双重汇率并存（1981—1984年）

这一阶段，为了发展对外贸易、促进经济核算并适应外贸体制改革的需要，人民币汇率实行了“内部结算价”与“官方汇率”双重汇率并存的制度。在进出口贸易外汇的结算方面实行内部结算价②，而在非贸易外汇的兑换和结算方面则采取公布牌价的方式③。制定这种以贸易政策为中心的双重汇率的目的是促进出口创汇，尽管内部结算价的存在对促进外贸出口起到了一定的积极作用，但同时也存在较为显著的局限性。从本质上来看，这种汇率制度就是一种变相的政府财政补贴，必然受到一些国家的反对，也正因如此，双重汇率在适用范围上出现了混乱，造成了对外经济交往中的被动。同时，内部结算价没有根据国内物价的上涨做出相应的调整，致使外贸亏损上升，政府财政补贴的负担加重。所以，这种双重汇率制度具有不可持续性，从1985年开始，我国取消了外贸内部结算价，恢复了对外单一牌价。

②“官方汇率”与“调剂市场汇率”双重汇率并存（1985—1994年汇改前）

1985年1月1日，我国取消了外贸内部结算价，恢复了名义上的单一汇率制，但由于外汇额度留存制度的存在④，实际上又形成了另一种双重汇率并存制度，也即“官方汇率”和“调剂市场汇率”并存的新的双重汇率制度（廉东，2013）[85]。1988年，我国创建了外汇调剂市场，企业根据自身需要在外汇调剂市场上自由买卖外汇额度，从而形成了外汇调剂价格。官方汇率与外汇调剂市场价格之差就成为外汇额度价格（见表2-1）。

① 双重汇率制度是指存在两种汇率，除了用于作为非贸易外汇结算价的官方汇率以外，还存在一种用于指定贸易外汇的内部结算价。

② 按照1978年全国出口平均换汇成本再加10%的利润进行计算，当时规定为1美元约合2.8元人民币。后来，人民币官方汇率因内外两个因素的影响，其对美元由1981年7月的1.50元向下调整至1984年7月的2.30元，人民币对美元贬值了53.3%。

③ 沿用原来的一篮子货币加权平均的计算方法确定牌价。

④ 外汇额度留存制度是指外贸公司每创造1美元外汇就可以得到一定比例的外汇额度，并可以经过行政审批，用外汇额度配上人民币向国家按照外汇牌价购买美元。

表 2－1　　　　中国外汇调剂市场

指标	1988 年	1989 年	1990 年	1991 年	1992 年	1993 年
外汇调剂额（亿美元）	62	85.66	125	180	—	—
外汇调剂价（人民币/美元）	—	6.38	5.8	5.7	6.5	8.5
人民币牌价（人民币/美元）	3.72	3.72	4.72	5.2	5.4	5.8
外汇额度价（人民币/美元）	—	2.66	1.08	0.5	1.1	2.7

资料来源：廉东．汇率变动、贸易自由化与中国经济协调发展研究［M］．北京：经济科学出版社，2013：37.

显然，外汇额度的存在，一方面增加了我国外汇管理的难度，另一方面，外汇额度其本质上还是一种变相的出口补贴，遭到了国际上诸多国家的反对，尤其是被关贸总协定所禁止。于是，我国在 1994 年进行了第一次真正意义上的人民币汇率制度改革，取消了牌价汇率，实现了人民币汇率的并轨。

（2）实质上盯住美元的固定汇率制度阶段（1994—2005 年汇改）

1994 年 1 月 1 日，我国进行了人民币汇率制度改革，取消了牌价汇率，实现了人民币汇率并轨，建立了一种以市场供求为基础、单一的、有管理的浮动汇率制度为主要内容的新的汇率制度，但本质上而言，此时的汇率制度仍然是一种盯住美元的固定汇率制度。具体而言，人民币汇率作为名义上的管理浮动汇率制度，应该基本由外汇市场的供求状况所决定，我国央行的任务也应该只是根据银行间外汇市场交易情况公布汇率，规定银行间市场汇率浮动幅度及银行结售汇市场的浮动幅度，并通过外汇公开市场操作，对人民币汇率实行有管理的浮动（张光华，1997）[86]。

但实际上，我国央行只是按照前一营业日银行间外汇市场形成的加权平均汇率公布人民币对美元、港元和日元三种货币的基准汇率，三种货币以外的其他外币汇率则根据美元基准汇率参照国际市场外汇行市套算中间汇率。1994 年以来，尽管美元对德国马克、英镑、日元等主要货币汇价发生了较大变化，但在此期间，人民币汇率却始终与美元汇率保持在一个狭小的固定区间内浮动。特别是在 1998—2005 年，汇率一致保持在 8.2680 ~ 8.2800 区间浮动，变动幅度仅只有 1% 左右，人民币汇率一旦越出这个区间，我国央行就会进行调控，使汇率重新回到这一区间内。由此可见，这一时期的人民币汇率本质上而言就是一种盯住美元的固定汇率制度。

综观这一时期的人民币汇率制度内容，我们发现，其存在两个显著的特征。

其一，在经常项目下实行强制性无条件的结汇和有条件的售汇。这种强制性结售汇制度要求出口企业不能留有外汇账户，必须将所得外汇按照银行外汇牌价向政府指定银行进行结汇，而进口企业所需外汇必须经严格审批才能获取。1996 年，人民币结售汇制度进行了进一步的改革，在结售汇制度基础上实现了经常项目下的可兑换。其实际含义是，在经常项目下，外贸企业的贸易用汇通过外汇银行的售汇来满足，但在经常项目中的非贸易项目用汇则受到较为严格的外汇审批控制。显然，在此制度设计下，居民与企业均不能如愿地持有外汇。结汇无条件而售汇有条件，这必然会导致外汇的供给大于需求，严重扭曲外汇的供求关系，使我国的人民币汇率长期处于高估状态。

其二，1994 年 4 月，我国建立了全国统一的银行间外汇市场，我国央行成为外汇市场的最大买主。从理论上而言，汇率的制定依据应该是外汇的供求状况，央行的职责仅仅是公布汇率，一般情况下不会对汇率市场进行干预。但是，由于强制结售汇制度的存在以及我国外汇市场的不完善，具有最终承担人身份的我国央行必须经常调节外汇市场的失衡状态，以确保外汇市场的稳定和人民币的流动性以及结售汇业务的顺利进行。

显然，这一阶段的人民币汇率制度下，人民币汇率生成机制具有封闭性、管制性、交易产品单一和波动幅度较小等特征，不能较好地反映外汇市场的实际供求状态，与真正意义上的有管理的浮动汇率制度相差甚远。所以，从本质上而言，这一时期的人民币汇率制度事实上就是盯住美元的固定汇率制度。

2.2.2 现阶段的人民币汇率制度（2005 年汇改后至今）

为了适应新阶段我国经济发展的需要，2005 年 7 月 21 日，我国再次进行了人民币汇率制度改革，宣布开始实行以市场供求为基础、参考一篮子货币进行调节、有管理的浮动汇率制度，人民币汇率不再单一盯住美元，形成了更富弹性的人民币汇率形成机制，开启了人民币汇率的市场化之路，对我国经济的发展具有深远的影响，其实质性内容包括以下三点。

其一，人民币放弃了盯住单一美元，而是开始参考一篮子货币进行定价，在此基础上实行有管理的浮动。篮子中的货币及其权重的确定综合考虑了我国对外贸易、外债、外商直接投资等外贸经济活动中占较大比重的国家、地区及其货币（孙玉霞，2006）[87]。

其二，我国央行于每个工作日闭市后公布当日银行间外汇市场美元等交易货币对人民币汇率的收盘价，作为下一个工作日该货币对人民币交易的中间价，同时将美元每天浮动范围限制在上一交易日收盘价的上下3‰之内，对非美元则在1.5%的范围内浮动。

其三，人民币对美元汇率一次性贬值2%，初始的人民币对美元汇率中间价确定为8.11元/美元，作为下一天银行间外汇市场的中间价。

自此，人民币对美元汇率开始步入升值通道，2007年5月18日，我国央行宣布，银行间即期外汇市场人民币对美元交易价浮动幅度由3‰扩大至5‰。2008年4月10日，人民币对美元汇率中间价首度面临“破7”关口，达到6.9920元人民币兑1美元，人民币对美元累计升值幅度接近20%。直到2007年美国次贷危机恶化为国际金融危机，受2008年国际金融危机影响，人民币汇率又开始重新盯住美元（2008年9月到2010年5月）①，停止了升值态势（见图2-2）。

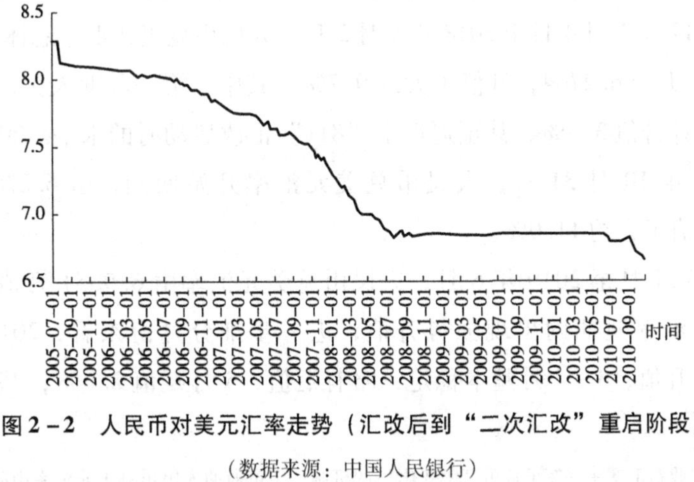

图2-2　人民币对美元汇率走势（汇改后到“二次汇改”重启阶段）

（数据来源：中国人民银行）

① 这一阶段也被学术界称为“人民币对美元汇率的软盯住状态”。

2010年6月，随着2008年国际金融危机的阴霾逐渐散去，我国放弃了爬行盯住美元的汇率制度，重新实行了有管理的浮动汇率制度，增强人民币汇率弹性。2010年6月19日，央行决定进一步推进人民币汇率形成机制改革，这也被外界称为“二次汇改”的重启，人民币汇率又开始步入升值通道，到“二次汇改”重启一周年之际，人民币又累计升值5.4%。

2012年以来，人民币汇率开始走国际化道路，波动幅度也相应扩大。2015年8月11日，央行开启了人民币兑美元汇率中间价报价机制改革，并进一步加大了参考一篮子货币力度的改革。2016年春节以来，初步形成了“收盘汇率+一篮子货币汇率变化”的人民币兑美元中间价形成机制①，使以市场供求为基础、参考一篮子货币进行调节的汇率形成机制特征更加清晰。同时，这几年美联储利用量化宽松货币政策使其经济开始启暖回升，又逐步退出量化宽松货币政策和实施加息政策，导致我国人民币汇率再次开始经历较为剧烈的波动，整体由升值转向贬值趋势，2016年人民币对美元汇率一路贬值到接近1美元兑换6.7元人民币的边缘。

2015年“811”汇改以来到2018年10月，人民币对美元汇率走势跌宕起伏（见图2-3），经历了“贬值—升值—贬值”的反复震荡。2015年8月10日至2017年1月4日，人民币兑美元汇率由6.1162下降至6.9526，贬值了大约13.7%。2017年1月4日至2018年4月2日，人民币兑美元汇率总体表现强势，由6.9526上升至6.2764，升值了大约9.7%。其中，第一季度人民币兑美元汇率中间价累计升值3.9%，甚至逼近了“811”汇改启动时的水平。2018年4月2日至2018年10月31日，人民币兑美元汇率开始回调，由6.2764下降至6.9670，贬值了大约11.0%。

2018年11月至2019年6月，人民币兑美元汇率由6.9351升值到6.7附近，人民币汇率短期内出现强势升值，进一步细分月份来看，2019年1—2月，人民币升值，3—4月基本稳定，略有贬值，5月贬值2.6%，基本抹平了

---

① 按照“收盘汇率+一篮子货币汇率变化”的机制，做市商的人民币兑美元汇率中间价报价由两个组成部分直接相加而成，一是银行间外汇市场前日16时30分的收盘汇率，主要反映市场供求情况；二是保持人民币对一篮子货币汇率稳定，人民币对美元双边汇率应调整的幅度，主要反映一篮子货币汇率变化情况。

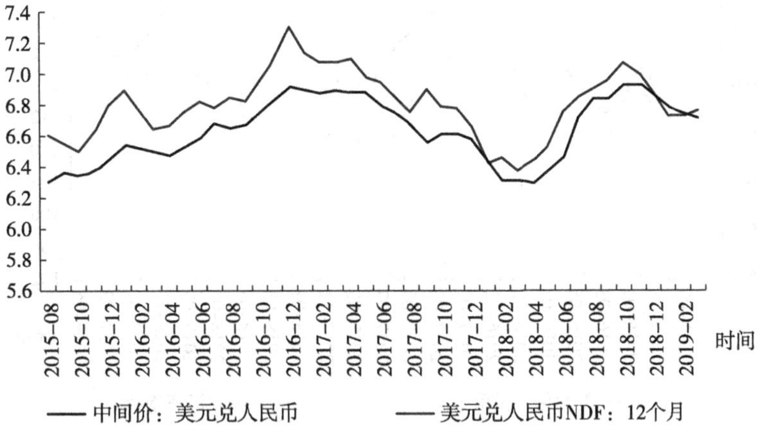

图 2－3　美元兑人民币汇率走势（中间价和 NDF）

（数据来源：Wind）

2019 年初的涨幅。根据人民币汇率走势数据分析可知，2019 年第一季度之前人民币汇率出现了阶段性升值，4 月相对稳定，而 5—6 月又出现了快速的贬值。进一步从人民币汇率走势与美元指数之间的关系来看，2015 年“811”汇改之后到 2018 年 10 月，二者之间存在较为明显的负相关性（美元指数下降，人民币升值），但 2018 年底到 2019 年第一季度，人民币汇率走势与美元指数之间却并没有表现出密切的相关性，且美元指数不仅没有出现显著下降趋势，反而是由 96. 0741 上升到了 97. 1805，上升了 1. 2%（见图 2－4）。

总体而言，2005 年以来的汇改，是顺应我国经济发展需要进行的改革，促使企业加大产品升级换代和创新力度，提升了企业核心竞争力，有利于我国出口结构优化和外贸发展方式的转变，扩大了进口支持内需、降低进口成本和缓解通胀压力的作用，进一步推动了我国资源配置的优化，促进经济结构朝着更加平衡的方向发展，向国际社会展示了我国促进全球经济平衡的努力。

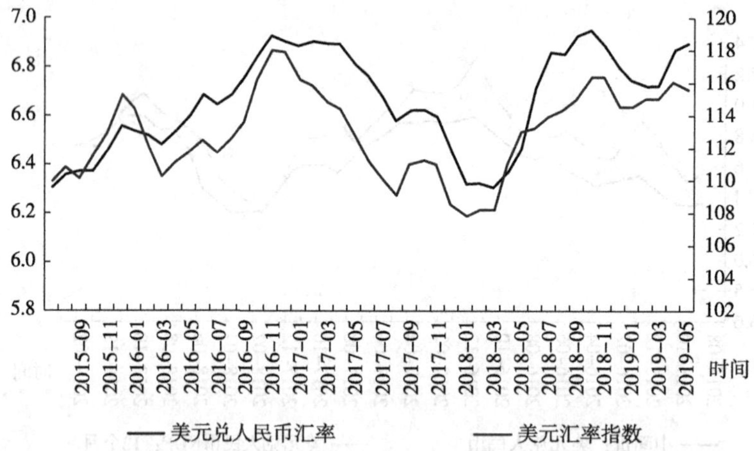

图2-4 美元兑人民币汇率与美元汇率指数走势

（数据来源：Wind）

2.3 中美货币政策操作的差异与比较

基于上述中美两国货币政策的历史性回顾可知，中美两国货币政策操作的目标存在差异，使中美两国在货币政策操作实践中同样呈现出较为明显的异质性。这部分内容基于2008年国际金融危机后，中美两国货币政策操作在操作目标、操作工具和传导机制等方面的差异化表现进行比较剖析。

2.3.1 中美两国货币政策操作的差异

在经济全球化，各国货币政策相互传递和相互溢出影响的背景下，中美两国作为世界最大的两个经济体，两国之间的货币政策联动效应变得更强，但由此也引发了两国货币政策操作的差异化现象。总的来看，在2008年国际金融危机之后至2021年7月，中美两国货币政策操作大约出现了四次差异化。

第一次差异化主要出现在我国汇率制度改革重启的2010年6月至2011年7月。此时，为应对国内需求过热出现的通胀压力，我国央行采取了相对紧缩的货币政策来管理通胀预期，而美国则为了经济的复苏，启动了量化宽松货币政策。在此期间，我国央行多次上调存款和贷款基准利率，上调存款准备金率，应对通货膨胀压力。美联储则刚好相反，急需维持接近于0的联邦基金利率不变，并宣布推出多轮次量化宽松货币政策以提振经济。

第二次中美货币政策差异化时点为我国经济进入新常态之后的2014年11月到2016年3月。此时，我国经济步入新常态之后，面临经济转型、增速由高速增长向中高速过渡、产业结构调整的“三期叠加”阵痛阶段，经济出现疲软现象。为应对我国经济疲软现象，我国央行货币政策出现了适度宽松迹象，央行连续6次下调存贷款基准利率，多次降低存款准备金率。如1年期存款基准利率由3%下降至1.5%，大型存款金融机构存款准备金率由20%下降至17%。而此时的美国经济和就业均已经从2008年国际金融危机的影响中复苏，出现了强劲的反弹，美联储开始逐步退出量化宽松货币政策，并启动了加息政策。美联储自2014年1月开始启动购债缩减计划，并于2015年将美国联邦基金利率上调至0.25%~0.5%。

第三次中美货币政策差异化时点为中美贸易摩擦剧烈的2018年至2019年。此时，为应对中美贸易摩擦，我国央行通过降准、中期借贷便利等结构性货币政策工具对冲我国经济下行压力，我国央行对存款准备金率进行了四次下调，大型存款金融机构存款准备金率由17%下降至13.5%。而此时的美国经济持续复苏，通胀回升，失业率保持低位，为美联储延续加息和缩表货币政策奠定了基础。美联储在这一阶段连续四次加息，将联邦基金利率目标上调至2.25%~2.5%的高位水平。

第四次中美货币政策差异化时点为全球新冠疫情影响背景下的经济复苏阶段，主要是2020年5月至2021年6月。为应对新冠疫情影响，中美两国央行在新冠疫情影响初期均采取了相对宽松的货币政策，但随着中美两国对新冠疫情的控制效果出现差异，两国货币政策出现了较大的分化。2020年年中，我国率先控制住了新冠疫情的蔓延，实现了较早的复工复产复市，央行决定我国货币政策逐步回归中性。而此时的美联储则仍然延续了较为宽松的货币政策，将基准利率维持在0~0.25%的目标区间，并提出了长期平均通胀目标值，增加对短期通胀的容忍度。

2.3.2 中美两国货币政策操作的比较

对于中美两国货币政策在2008年国际金融危机后至当前的差异化表现，究其原因，不仅与当时中美两国所面临的本国宏观经济环境有关，同时与两国不同的货币政策操作体系密切相关。据此，需要基于中美两国货币政策操作框架，从中美两国货币政策操作目标、货币政策工具和货币政策传导机制等视角进行比较。具体如表2-2所示。

表2-2 中美货币政策操作框架比较

比较对象	中国	美国
货币政策操作目标	经济增长、物价稳定、充分就业、国际收支平衡、金融稳定	就业最大化、物价稳定、金融稳定
货币政策操作工具	1. 数量型货币政策工具：存款准备金率、再贷款、再贴现、公开市场操作等 2. 价格型货币政策工具：逆回购利率、中期借贷便利、常备借贷便利、短期流动性调节工具、抵押补充贷款工具等结构性货币政策工具	1. 传统工具：公开市场操作、贴现窗口、贴现利率、存款准备金率等 2. 创新工具：金融市场流动性支持便利，实体经济信用支持便利，离岸美元流动性支持工具等
货币政策传导机制	中央银行—商业银行传递机制	利率渠道、银行信贷渠道、资产负债表渠道、财富效应渠道等

资料来源：杨兆宇，刘雨菲．中美货币政策比较研究及资产配置策略展望［J］．当代金融家，2021（11）：121.[88]

从中美两国货币政策操作目标来看，我国央行货币政策强调人民币币值稳定及经济增长。我国货币政策最终目标为“保持货币币值的稳定，并以此促进经济增长”。近年来，我国央行始终围绕这一货币政策最终目标，逐步健全传统货币政策与宏观审慎政策双支柱调控框架，使我国央行货币政策目标兼顾金融稳定作用。而美联储则肩负就业最大化与物价稳定的双重使命，根据《联邦储备法案》和《汉弗莱—霍金斯法案》，美联储货币政策聚焦就业最大化、物价稳定的双重目标。但在2008年国际金融危机后，美联储意识到金融稳定的重要性，也将金融稳定作为其货币政策操作的目标之一。因此，中美两国货币政策目标的共性是均将金融稳定纳入其货币政策目标体系中。

从中美两国货币政策操作工具来看，两国的共性都包括了公开市场操作、存款准备金制度和利率调整等传统工具，但又各有侧重。我国央行更加侧重于总量性货币政策与结构性货币政策工具的结合，通过降准降息等手段实现总量目标，通过定向降准、中期借贷便利、常备借贷便利、短期流动性调节工具、抵押补充贷款工具等结构性货币政策工具实现精准滴灌，解决结构性问题。在我国金融市场不断完善和成熟的背景下，我国央行货币政策操作也逐步由数量型货币政策工具为主向价格型货币政策工具转向，更好地发挥我国货币政策工具操作效果。美联储货币政策则注重传统货币政策与创新型货币政策工具相结合，创设了诸多面向金融市场、离岸市场的便利工具。如在新冠疫情期间推出的交易商信贷工具、商业票据融资工具、二级市场公司信贷融资工具等创新性货币政策工具。

从中美两国货币政策传导机制来看，我国货币政策主要是基于现代信用制度下的中央银行—商业银行传导体系。我国央行通过货币政策工具影响市场上银行体系流动性，调节市场货币供需，影响商业银行贷款投放、证券投资等行为，继而影响实体经济货币资金的流动性，实现货币政策的最终目标。而美国货币政策则更多的是基于利率渠道、银行信贷渠道、资产负债表渠道、财富效应渠道等。美联储通过调节联邦基金目标利率影响市场利率，通过期限溢价影响抵押贷款、公司债等中长期利率，继而通过利率的传导影响到股票等金融资产价格，最终通过财富效应影响实体经济，对投资、消费等活动带来实质性影响。

在中美两国货币政策操作目标、操作工具和传导机制的差异性背景下，中美两国货币政策操作脱钩现象越发明显，我国货币政策逐步走出一条“以我为主”的道路。特别是2017年以来，我国积极推进汇率市场改革，有序放开跨境资本流动，使人民币汇率弹性不断增强，我国货币政策对美国货币政策的逆向溢出效应不断显现，改变了传统的美国货币政策对我国货币政策的强势单向溢出效应，使我国货币政策的实施和操作空间逐步扩大。当前而言，我国货币政策更多地根据我国经济增长和通货膨胀情况，基于我国货币政策操作目标，在兼顾内外均衡的基础上，开展更加“以我为主”的货币政策操作。

3 客观看待人民币汇率：回顾、现状及展望

“811”汇改后汇率报价机制的变化使人民币汇率双向波动变得更为频繁，其背后的原因及下一步走势如何成为国际金融领域关注的焦点。这一章在回顾“811”汇改以来人民币汇率的走势基础上，剖析了不同阶段人民币汇率波动的原因，并对未来人民币汇率走势进行了展望，最后提出了稳定人民币汇率的政策建议。研究认为，美元指数和中美利差的变化是引起“811”汇改后到2018年10月人民币汇率发生“贬值—升值—贬值”的反复震荡的主因，而资本流动因素是引起2018年11月到2019年4月人民币汇率阶段性升值的主因，中美贸易摩擦不确定性加大的市场情绪行为则是影响2019年人民币汇率波动的根源所在。展望未来，人民币汇率在短期内的双向波动将会更加常态化，汇率的灵活性会更强，而我国宏观经济基本面长期向好的趋势决定了人民币汇率在长期内仍将保持合理均衡水平上的基本稳定。下一步，政府的着力点应该在深化供给侧结构性改革，加快人民币国际化步伐，坚持市场在人民币汇率形成中起决定性作用，增强人民币汇率弹性，加强预期管理，坚持底线思维，做好跨境资金流动的监测分析和风险防范，保持人民币汇率在合理均衡水平上的基本稳定，发挥好汇率调节宏观经济和国际收支的自动稳定器作用，为维护我国人民币汇率稳定留取一定的操作空间。

3.1 引言

汇率是一国货币对另一国货币的比价。从理论上而言，汇率波动会通过汇率传递影响到一国进出口贸易、外商直接投资、国内通胀、股票收益率等实体经济以及与其相关联的虚拟经济变量，也会对一国货币政策制定、外汇储备头

寸管理和外汇市场运作等宏观金融政策产生影响。因此，准确把握新汇率体制下人民币汇率波动模式，客观评估汇率波动背后的原因，维护汇率稳定是央行的职责所在，也是深化金融供给侧结构性改革的目标要义，央行有义务和责任为实体经济高质量发展提供一个相对稳定的货币金融环境。

然而，“811”汇改以来汇率市场的波动并未如预期那样的稳定，反而出现了较大幅度的双向频繁震荡。特别是2019年8月5日，人民币兑美元离岸和在岸汇率双双破“7”，更是引发了各界对汇率市场的关注。我国央行就人民币兑美元汇率破“7”作出表态，并在随后宣布将于2019年8月14日在香港发行300亿元离岸央行票据。事实上，针对“811”汇改后人民币汇率市场的波动现象，央行围绕外汇市场供需状态，不断通过引入逆周期调节和远期售汇业务外汇风险准备金率的调整等方式进行引导，使人民币市场汇率不断向购买力平价靠拢，保持外汇市场的稳定和人民币在合理均衡水平适度波动，以适应我国经济发展需要。例如，2016年央行运用大量外汇储备对在岸市场进行调节，明确“收盘价+一篮子货币”中间价形成机制，2017年5月在原有报价机制中加入逆周期因子及其后续暂停逆周期因子调节的手段，2017年9月宣布对境外人民币存款准备金不再进行穿透式管理，将外汇风险准备金率从20%下调为0，以及2018年8月6日以后，又将外汇风险准备金率从0上调为20%，等等。这些积极的政策行为对人民币汇率稳定起到了什么作用？“811”汇改后人民币汇率的表现如何？这种表现的原因又是什么？此次人民币汇率破“7”背后的客观原因是什么？下一步人民币汇率又将发生怎么样的走势？探明这些问题，对于客观看待人民币汇率走势显然具有重要的现实意义。

3.2 “811”汇改以来人民币汇率走势回顾（2015年8月至2018年10月）

从2015年“811”汇改以后到2018年10月，人民币对美元汇率走势跌宕起伏（见图3-1），经历了“贬值—升值—贬值”的反复震荡。2015年8月10日至2017年1月4日，人民币兑美元汇率由6.1162下降至6.9526，贬值了大约13.7%。2017年1月4日至2018年4月2日，人民币兑美元汇率总体表现强势，由6.9526上升至6.2764，升值了大约9.7%。其中，2018年第一季度人民币兑美元汇率中间价累计升值3.9%，甚至逼近了“811”汇改启动时的水平。2018年4月2日至10月31日，人民币兑美元汇率开始回调，由6.2764下降至6.9670，贬值了大约11.0%。

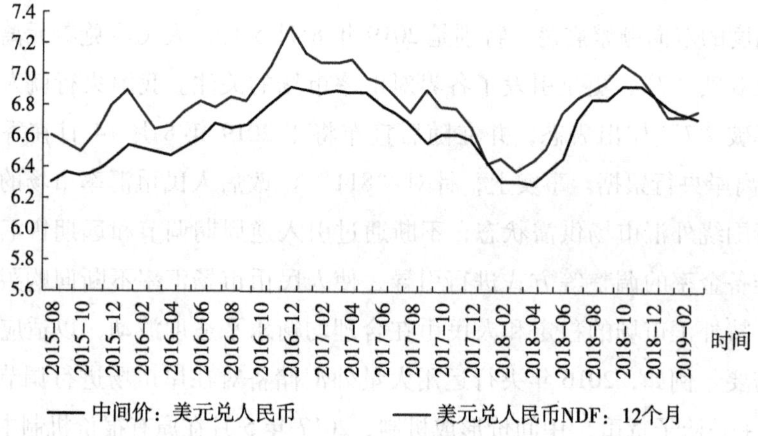

图3－1　美元兑人民币汇率走势

（数据来源：Wind）

与此同时，人民币兑CFETS货币篮子指数也呈现“一波三折”的走势，但其拐点要略微滞后于人民币兑美元汇率的变动。2015年11月底至2017年5月底，人民币兑CFETS货币篮子指数由102.93下降至92.26。2017年5月底至2018年5月中旬，该指数由92.26逐渐升值至97.88。2018年5月中旬至2018年10月底，该指数又由97.88逐渐贬值至92.36。在这一阶段，同期的美元指数和中美利差也表现出类似的走势①，使美元指数和中美利差因素成为影响该阶段人民币汇率波动的主要动因。

“811”汇改加快了我国汇率市场化改革的进程，一方面我国央行向国际货币基金组织释放人民币加入SDR后中国政府将提高人民币汇率决定的市场化程

① 人民币走势与美元指数同步，美元指数上升，人民币贬值，反之，人民币升值；人民币走势与中美利差密切相关，中美利差拉大，人民币升值，反之，人民币贬值。具体表现可在后文图3－3和图3－4中得到佐证。

度的信号；另一方面则是通过汇率报价机制的改革，实现汇率的双向波动，减少政府对人民币汇率的干预，让汇率更多地依靠市场机制来进行调节。但实践中，由于汇率市场化改革仍处于探索起步阶段，汇率出现了一定程度的波动，迫切需要央行通过采用外汇储备投入等方式进行积极调整。数据统计显示，2017年1月底，外汇储备相比于2015年“811”汇改时的35573.81亿美元下降为29982.04亿美元（交通银行金融研究中心，2019）[89]，相比于2014年更是下降了1万多亿美元（见图3-2）。外汇储备突然大幅度下降，使央行收紧基础货币的发行，人民币汇率贬值趋势得到了一定程度的缓解，但在强大的汇率贬值预期冲击下，人民币汇率仍然出现了贬值趋势。此时出现了关于人民币汇率要不要保“7”，保汇率还是保外汇储备的争论（潘锡泉，2017[90]；管涛，2019[91]）。一些资金流出境外，导致央行缓解人民币贬值预期的政策效果出现一定程度下降。针对这种情况，央行及时对外汇资金流动情况和资金范围进行了审慎监管，比如，从单纯的跨境借贷监管转向证券投资、直接投资监管等，甚至对人民币计价的资本流出进行积极监管，打击外汇市场上对人民币进行投机的势力，较好地维护了当时外汇市场的稳定。

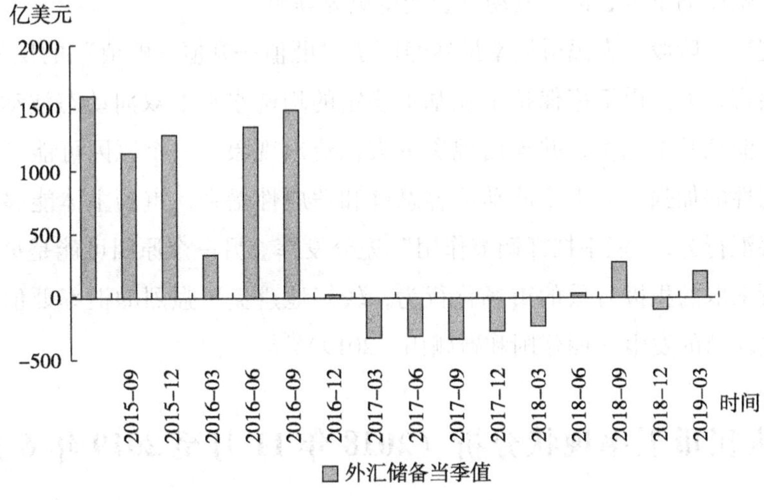

图3-2　我国外汇储备变化额（2015年9月—2019年6月）

（数据来源：Wind）

直到 2017 年第一季度，在国内宏观经济运行逐步改善的背景下，人民币汇率又重回小幅度升值状态。相应地，此时的外汇储备规模当季值依然保持负向增长，直到 2018 年 4 月前后外汇储备才趋于回调，但此时的人民币汇率又开始了新一轮的贬值。经过前段时间外汇市场的积极行为，人民币汇率贬值幅度和贬值预期明显缩小，央行也因此没有动用更多的外汇储备调节外汇市场，而是暂停了使用人民币汇率中间价报价机制中的逆周期因子调节机制，汇率政策回归中性，可以说对人民币汇率双向波动基本保持了市场化调节的行为。从 2018 年 6 月 19 日至 10 月底，人民币汇率在内外部因素的共同作用下，继续弱势调整，中间价累计下跌超过 6%，境内外汇市场重现看空情绪下的顺周期行为和“羊群效应”。为稳定人民币汇率的市场预期，央行重启了远期售汇业务外汇风险准备金率和逆周期因子调节。2018 年 8 月 6 日至 10 月 19 日，美元指数上涨 0.8%，人民币兑美元汇率中间价累计下跌 1.2%，合计 1065 个基点，2018 年 9 月，央行外汇占款降幅更是达到 1194 亿元人民币，为 2017 年 2 月以来的最大降幅。可见，在央行积极的政策行为下，我国人民币汇率保持了较为合理范围内的波动，起到了较好的效果，如果没有央行采取的积极政策，人民币汇率将会出现更大幅度的下跌，汇率波动将会变得更为频繁。

反观这一阶段，人民币汇率虽然经历了“贬值—升值—贬值”的反复震荡，但总体而言，人民币汇率保持了在基本稳定的均衡水平上双向动态波动，我国跨境资本流动基本均衡，并未出现资本大幅流出现象。一个原因可能是我国国内市场韧性的加强，对汇率波动的容忍度和适应性增强，市场主体能够理性地进行结售汇行为，“汇率杠杆调节作用”充分发挥。另一个原因可能是央行对外汇市场所采取的积极有效的市场化行为，较好地避免了强烈的汇率贬值预期和资金外逃现象的发生（谢建国和贾姗山，2019）[92]。

3.3 人民币汇率现状分析（2018 年 11 月至 2019 年 6 月）

2018 年 11 月至 2019 年 6 月，人民币兑美元汇率由 6.9351 升值到 6.7 附近，人民币汇率短期内出现强势升值。进一步细分月份来看，2019 年 1—2 月，人民币升值，3—4 月基本稳定，略有贬值，5 月贬值 2.6%，基本抹平了 2019 年初的涨幅。根据人民币汇率走势数据分析可知，2019 年第一季度之前人民币汇率出现了阶段性升值，4 月相对稳定，而 5—6 月又出现了快速的贬值。为何会出现这种情况？结合人民币升值的三大因素，即美元指数走弱、中美双边利差扩大和短期资本流动因素，可以发现，2015 年“811”汇改之后到 2018 年 10 月，人民币汇率走势与美元指数之间存在显著负相关性（美元指数下降，人民币升值），但 2018 年底到 2019 年第一季度，人民币汇率走势与美元指数之间却并没有表现出密切的相关性，且美元指数不仅没有出现显著下降趋势，反而是由 96.0741 上升到了 97.1805，上升了 1.2%（见图 3－3）。显然，这一阶段人民币升值并不是由美元指数走弱所引起的。

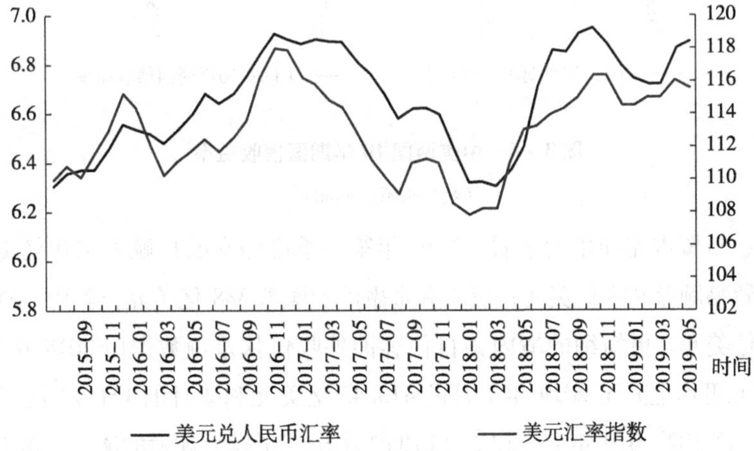

图 3－3　美元兑人民币汇率与美元汇率指数

（数据来源：Wind）

根据影响人民币升值的三大因素，利差拉大会导致短期套利资金流入国内，造成外汇市场上美元供过于求，进而导致人民币兑美元汇率的升值（张明，2018）[93]。进一步从实践中考量中美两国利差可以发现（见图 3－4），2017 年 5 月至 2018 年 3 月，中美两国 10 年期国债收益率之差显著拉大，而同期内人民币兑美元汇率显著升值，中美两国之间利差扩大确实是导致这一时期人民币升值的主要因素。但问题是，2018 年底至 2019 年 3 月，中美两国 10 年期国债收益率（见图 3－4）利差并未扩大，反而有所缩小，由 54 个基点微降至 50 个基点，如此一来，中美利差扩大显然也不是这一阶段人民币升值的主要影响因素。

图 3－4　中美两国 10 年期国债收益率

（数据来源：Wind）

最后，从资本流动角度来看，2019 年第一季度经常账户顺差 490 亿美元，其中，货物贸易顺差 947 亿美元；资本和金融账户顺差 388 亿美元，其中，资本账户逆差 0.3 亿美元。更精细的境内银行代客涉外收付款差额数据由 2018 年 12 月的 2.74 亿美元迅速上升至 2019 年 1 月的 413.43 亿美元和 2 月的 151.72 亿美元（见图 3－5）。这表明 2019 年 1 月和 2 月短期资本出现了较大规模的流入，改变了外汇市场的供求关系。显然，这一阶段人民币汇率升值是由于经常账户顺差，特别是货物贸易顺差带来的短期效应，大量资本流入导致人民币汇率的被动升值，最终表现为这一阶段内出口保持高速增长的同时，人民币汇率却出现持续升值的现象。

2019 年 5 月之后，受市场消息面影响，人民币汇率快速回调，人民币兑美元中间价累计下跌 1706 个基点。中美贸易摩擦不确定性加大的市场情绪行为成为影响此时人民币汇率贬值的主要因素①。在中美贸易摩擦加剧背景下，如果人

① 数据显示，2019 年 5 月即（远）期结售汇顺差 173 亿美元，相比于 4 月高出 27 亿美元，表明此时人民币汇率下跌并非由于外汇市场供求关系逆转、资本外流所造成的，这改变了 2018 年底到 2019 年 4 月人民币汇率升值是由于资本流动因素所致的局面，从侧面说明市场情绪波动对人民币汇率的影响效应越来越显著。

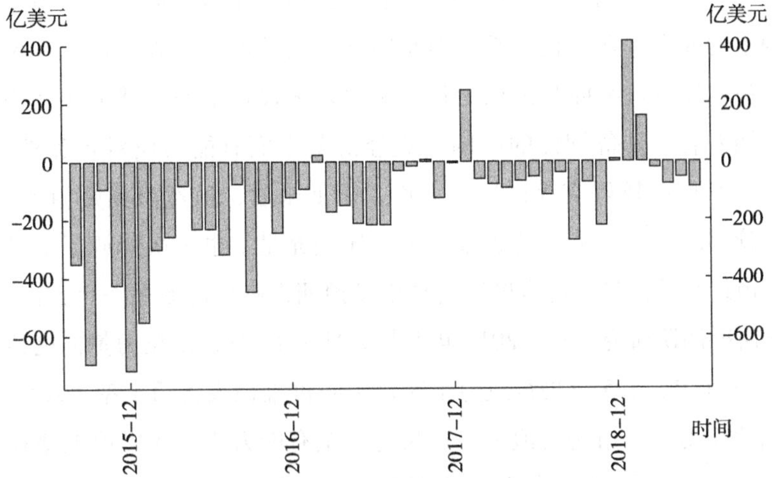

图 3－5 境内银行代客涉外收付款差额（2015 年 8 月—2019 年 6 月）

（数据来源：Wind）

民币汇率不贬值，出口将会变得更为糟糕。从理论上而言，作为两种货币的兑换价格，汇率既会受到宏观经济基本面的影响，同时也会受到政治、一国开放程度和金融市场成熟度等因素的影响。2018 年 11 月至 2019 年 6 月，宏观经济基本面良好且具备一定韧性，国家对宏观经济逆周期调节的力度一直未变，无论是财政政策、货币政策还是相关产业和监管政策均持续发力，政策效应也不断显现，进一步支撑了经济稳中有进，为人民币汇率的长期稳定夯实了基础。据海关相关数据统计，2019 年 1—5 月，我国外贸进出口实现 12.1 万亿元，同比增长 4.1%，其中 5 月出口增长 7.7%，较前 4 个月增加 2 个百分点（张莫，2019）[94]。与此同时，我国外贸进出口结构不断优化，多元化趋势明显，对“一带一路”沿线国家外贸进出口增长较快，2019 年 1—7 月，我国与“一带一路”沿线国家实现进出口贸易额 5.03 万亿元，增长 10.2%。其中，我国与沙特阿拉伯、波兰、乌兹别克斯坦等“一带一路”沿线国家外贸进出口增速均实现了两位数增长，分别达 36.8%、21.9% 和 27.7%。另据国家外汇管理局公布的数据，截至 2019 年 5 月末，我国外汇储备规模为 31010 亿美元，较 4 月末上升 61 亿美元。种种数据表明，人民币汇率面对的外部环境的不确定性虽然有增无减，但向好的宏观经济基本面和未来可期的外汇储备规模对人民币汇率稳定能够有效地发挥好“压舱石”的作用。尽管人民币汇率短期面临的贬值压力与外部风险因素的冲击存在直接关系，但是短期波动并不改变人民币汇率保持长期稳定的态势，经济基本面和市场力量仍是决定人民币汇率走势的主要因素。一方面，长期来看，具备韧性的中国宏观经济基本面有能力应对各类外部冲击，对人民币汇率形成较好支撑；另一方面，短期来看，虽然市场贬值预期升温，但货币主管部门应对汇率波动的政策工具比较充足，也多次释放了要打击投机做空人民币行为的信号，这有助于引导市场预期，避免汇率在一个方向上超调。民生证券研究团队研究发现，2019 年 5 月 6 日至 17 日，市场力量向贬值方向累积贡献 2958 个基点，5 月央行致力于通过中间价维稳人民币汇率，2019 年 5 月 20 日之后完全对冲了市场贬值力量，央行完全有能力应对人民币汇率在一定程度上的波动，人民币汇率保持基本均衡水平下的长期稳定态势不会改变。

3.4 人民币汇率走势展望及推进人民币汇率稳定的政策建议

3.4.1 人民币汇率走势展望

2019 年人民币汇率阶段性升值之后到年底，总体汇率虽然有所贬值，且在 2019 年 8 月 5 日当天破“7”，但这并不意味着人民币将进入贬值通道，人民币兑一篮子货币仍保持稳定和强势。从人民币兑一篮子货币汇率来看，人民币名义有效汇率和实际有效汇率在过去 20 年里升值了 30%，对美元的升值幅度仍然达到 20%，依然是国际货币中的强劲货币之一，人民币兑一篮子货币走强，对美元汇率中间价贬值可控，人民币汇率贬值幅度整体上小于同期韩元、阿根廷比索等新兴市场国家货币对美元的贬值，也小于欧元、英镑等储备货币对美元的贬值。

展望人民币汇率的未来走势，本书认为，人民币汇率在长期内仍将会继续保持基本稳定，但在短期内的波动将会更加常态化，汇率的灵活性会更强，可能会更加接近于国际主要储备货币的波动率，甚至汇率波动幅度会进一步扩大，但整体依然可控。一方面，这是由我国宏观经济发展的基本面所决定的，即便是受到新冠疫情影响，我国经济基本面依旧保持良好发展态势，成为2020年全球经济复苏最为明显的国家，也是唯一一个经济实现正增长的主要经济体。在新发展格局下，我国经济结构调整取得积极成效，经济高质量发展动力不断显现，经济增长韧性充足，宏观杠杆率趋稳，金融风险总体可控，外汇储备充足，为长期内人民币汇率保持稳定打下了扎实的基础。另一方面，央行已经积累了丰富的应对人民币汇率波动的经验和政策工具，完全有能力对人民币汇率过度波动进行有针对性的引导，采取必要的稳定人民币汇率的手段，坚决打击来自以美国为代表的针对人民币汇率的短期投机操作，维护外汇市场稳定，确保人民币汇率在合理均衡水平上基本稳定。比如，2019年8月5日人民币破“7”之后，央行顺应市场行为，发布公告称将于8月14日在香港发行300亿元离岸央行票据，使当天人民币相较前一日升值31个基点，有效对冲了人民币汇率的贬值预期①。但同时也不可忽视外汇市场供求和美元走势的波动性影响，特别是美联储由长期的加息政策突然向降息等宽松货币政策转向以及疫情后，美联储为了应对疫情带来的冲击和通货膨胀的持续性影响，又转向紧缩的加息政策的影响，使人民币在更大范围内产生更大幅度的波动。

3.4.2 推进人民币汇率稳定的政策建议

（1）深化供给侧结构性改革，确保宏观经济基本面长期向好发展

宏观经济基本面是决定汇率中长期稳定的关键所在。确保宏观经济基本面长期向好发展必须深化供给侧结构性改革，准确处理好去产能、调结构与促转型之间的关系（潘锡泉，2019）[95]，一是通过降低产能过剩，调整结构失衡，扭转资源错配的手段去激发经济发展内在动力和活力，为实体经济向高质量发展铺垫基础。二是在确保政策实施的稳健性和连续性基础上，充分发挥财政政策和货币政策的合力作用，通过稳健中性货币政策的实施，为宏观经济基本面稳健向好、结构改善、风险防范化解、经济高质量发展提供坚实稳定的货币政策保障（潘锡泉，2019）[95]，通过积极的财政政策扭转投资乏力来起到激发经

① 根据民生银行研究团队研究，市场力量在2019年8月2日至5日使人民币汇率中间价向升值方向累积贡献了218个基点，如果没有中间价的对冲，汇率会贬值更多。

济主体的投资积极性作用，为实体经济高质量发展注入动力。三是尽快出台消费激励措施，加快国内市场培育，推进以国内大循环为主体，国际国内双循环的新发展格局战略。具体而言，政府应该继续加大减税降费力度，通过出台促进消费转型和升级的若干政策或指导意见，来引导和培植国内消费市场，以对冲中美贸易摩擦、美国制造业回流、疫情冲击导致外部需求市场萎缩、中美在科技和核心技术产业相关的产业链价值链竞争等外部不确定性对出口带来的不利影响。四是需要加大对金融风险的防范化解力度，政府应该在坚持金融市场结构性去杠杆和金融供给侧结构性改革的基础上，发挥国务院金融发展稳定委员会、人民银行和银保监会、证监会，以及省级政府和地方金融监管机构的监管协同作用，拓宽监管边界，做好重点领域风险专项整治，加大对金融资产质量的实时监控和网格化管理，抓好重点客户、重点行业、重点区域的风险管控，特别是过高的金融市场杠杆、潜在的地方政府债务风险，为宏观经济向好发展消除风险隐患，起到保驾护航作用。五是借助于金融科技、大数据、人工智能等科学技术的应用与创新驱动功效来给经济增长赋予新的增长动力，助力实体经济高质量发展。

（2）顺势而为，加快推进人民币国际化

汇率是外部经济再平衡的重要变量。经济体的开放程度越高，汇率的功能性作用越强。经过40余年的对外开放，我国经济发展特征由内向型向外向型和内向型并重趋势转向越来越明显，而当外向型经济发展到一定程度时，汇率稳定与汇率波动之间的矛盾也会表现得越来越突出，特别是2015年“811”汇率制度改革以来所表现出来的汇率波动常态化现象就是最好的佐证。随着当前“改革开放再出发”号角的吹响，要求汇率自由浮动的需求变得越来越迫切。在此背景下，央行除了稳定宏观经济基本面，还需要主动增强汇率弹性，对跨境资本流动进行宏观审慎管理。除此之外，更需要顺势而为，通过加快推进人民币国际化的手段来化解汇率稳定与汇率浮动之间的矛盾。具体而言，要充分抓住我国人民币已成为SDR货币的有利契机，坚持市场驱动的基本原则，先从人民币在国际上的支付结算功能入手，特别是要牢牢把握人民币在“一带一路”沿线国家、金砖国家以及非洲国家之间的贸易结算和支付功能，逐步改变欧洲国家和其他地区对美元货币的路径依赖，提升境内外主体持有和使用人民币的信心，然后有序实现资本项目可兑换和货币市场化。

（3）积极推进汇率市场化改革，为我国货币政策操作留取一定空间

坚持市场在人民币汇率形成中起决定性作用，增强人民币汇率弹性，加强预期管理，坚持底线思维，做好跨境资金流动的监测分析和风险防范，保持人民币汇率在合理均衡水平上的基本稳定，发挥好汇率调节宏观经济和国际收支的自动稳定器作用。发挥好央行的积极作用，通过灵活多样的货币政策工具对汇率稳定起到引导作用，防范外部投机者人为扰乱外汇市场引发人民币汇率过度波动的风险，适时准备种类丰富、数量足够的政策工具以维护我国人民币汇率的稳定，为我国人民币汇率市场化改革和货币政策操作留取一定的空间。

4 客观看待人民币国际化：现状考量及改革路径研究

本章基于人民币国际化支付结算职能的视角，采用2013年10月至2018年12月的经验数据，就我国人民币与其他主要国际货币在不同区域的国际影响力进行了比较分析。研究认为，人民币在金砖国家、我国前十大贸易伙伴，以及“一带一路”沿线国家区域均存在显著的国际影响力（货币锚效应），且在我国前十大贸易伙伴货币圈内的国际影响力已经能够与美元相媲美。但总体而言，这种货币锚效应的强度在金砖国家区域、“一带一路”沿线国家区域乃至全球其他区域仍然不能与美元相提并论，甚至还无法达到与欧元相抗衡的地位。但人民币的这种货币锚效应相较于日元和英镑而言，至少在研究样本期内可以说已经实现了超越。这为我国人民币国际化改革再启程提供了思路，并据此提出“巩固前十大贸易伙伴、深化金砖国家、拓展‘一带一路’沿线国家、谋划其他区域”的人民币国际化改革再启程“四步曲”。

4.1 引言

人民币国际化是我国实现金融对外开放的重要环节，在我国未来金融改革中占据核心地位。所以，如何寻求人民币“走出去”，实现人民币国际化一直以来都是热议的焦点。随着我国经济在世界舞台上的全面崛起以及近几年人民币国际化改革步伐的加快，尤其是2016年人民币成为SDR篮子货币之后，越来越多的专家学者认为，中国理应获得与其经济地位和贸易地位相匹配的国际货币地位，但事实上似乎出现了不尽如人意的现象，使人民币国际化的步伐一直走得比较坎坷。理论上而言，一国货币国际化需要有强劲的实体经济和稳定的汇率予以支撑。近年来，随着我国人民币汇率制度改革的深入，以及受国内经济下行、中美贸易摩擦升级、外汇市场动荡等内外因素的冲击，人民币汇率波动幅度与频度相比以往变得更为剧烈。尤其是2015年“811”汇改之后，人民币汇率经历了此起彼伏的三个剧烈波动阶段，人民币与美元之间的汇率中间价从6.2附近一度贬值到2016年12月的6.9666。央行动用外汇储备，在原有“收盘价+一篮子货币汇率变化”的人民币汇率报价模型基础上引入逆周期因子来达到对冲市场情绪的顺周期波动，缓解外汇市场可能存在的“羊群效应”，将人民币兑美元汇率中间价拉回到2017年底的6.3附近。之后的2018年，受2016年开始的监管政策、货币政策和金融去杠杆政策对实体经济影响效应的显现，以及中美贸易摩擦的全面升级，人民币汇率再度急剧贬值，尤其是2018年4月2日以后到8月16日，贬值幅度达到了9.8%，几乎到了面临破“7”的重要心理关口。之后的2018年底至2019年第一季度，短期资本流入导致人民币汇率又出现了阶段性反弹，紧随其后愈演愈烈的中美贸易摩擦带来市场情绪行为使人民币汇率出现快速下跌，8月5日，人民币兑美元离岸和在岸汇率双双破“7”。

在人民币汇率如此频繁和剧烈的波动下，人民币贸易结算、人民币在我国贸易结算中的利用率均出现了大幅下降①，相应的人民币在跨境结算②及其国际结算中的市场份额也由此出现了较大幅度的下降。据《日本经济新闻》援引环球银行间金融通信协会统计的数据，相比于2015年8月，人民币在国际结算中的市场份额由第4位（曾超过日元）下降为2017年的第6位，2018年虽然回升到第5位，但仍然位居主要国际货币美元、欧元、英镑和日元之后。另据历年央行货币政策执行报告的数据显示，2016年跨境贸易与直接投资人民币结算规模合计7.69万亿元，相较2015年的9.55万亿元下降19.48%，2017年为6万亿元，同比下降21.98%，2018年为7.77万亿元，勉强恢复到了2016年的水平。这使外界对近几年人民币国际化提出了质疑，认为人民币国际化在这几年出现了停滞，甚至倒退（王盼盼等，2018）[96]。那么，客观上是否真的如此？如何理性地看待当前人民币国际化（成效）？下一步人民币国际化改革应该从哪

---

① 2015年曾达到30%，2016年底下降至19%，2017年和2018年下降至15%以下。

② 含贸易结算、资本结算和留学费用等用途更为广泛的结算业务。

里入手？这些问题需要明晰并给予客观回应。

4.2 人民币国际化相关研究综述及述评

4.2.1 人民币国际化锚效应的研究

“货币锚”简单讲就是一国货币的国际影响力，一般由币值稳定的国际化货币来充当，相关概念的探讨和演化可追溯到金本位时期的黄金时代、布雷顿森林体系时期的美元和黄金“双锚”时代，以及布雷顿森林体系解体后的牙买加时代（美元与黄金脱钩，英镑的衰退）。伴随欧元的诞生、日元和人民币的崛起，它们也在部分区域和国家开始成为“货币锚”中的主要货币，但美元凭借其在布雷顿森林体系时期确立的世界霸主货币地位，依然成为大多数国家盯住的货币锚，货币锚由此也被誉为是一国货币国际影响力的体现，人民币国际化的目标定位也就是要发挥人民币在世界范围内的货币锚效应。关于“货币锚”的研究最早可以追溯到 Frankel（1992）[97]关于日元兑美元汇率的探讨，经过进一步的修正和完善，Frankel（1994）[98]提出了经典的“货币锚”模型。后续的研究则围绕经典“货币锚”模型针对不同区域（类型）国家进行了实践探讨，如东南亚国家货币是否盯住美元作为“货币锚”（McKinnon 和 Schnabl，2004[99]；McKinnon，2005[100]）；新兴市场国家货币应当盯住美元、日元或是一种超主权货币作为“货币锚”（Jeon 和 Zhang，2007[101]；Kim，2007[102]），还是应该将本国对外贸易伙伴的“一篮子货币”作为“货币锚”（Ogawa 和 Shimizu，2006[103]；Click，2009[104]）。

随着近几年人民币国际化改革进程的加快，关于人民币“货币锚”的探讨同样受到了较多的关注。在经典“货币锚”模型基础上，Subramanian 和 Kessler（2013）[105]基于 2010—2012 年的样本数据进行研究认为，人民币在样本期内已成为亚洲、欧洲和南美洲部分国家的隐性“货币锚”。Eichengreen 和 Lombardi（2015）[106]采取更宽泛的样本（2012—2015 年）研究佐证了 Subramanian 和 Kessler（2013）[105]研究所得到的结论。Takatoshi Ito（2016）[107]的研究同样认为，人民币在 2005—2016 年已成为东亚大部分国家的隐性“货币锚”。但也有一些研究得到了相异的结论，比如，Quah 和 Crowley（2012）[108]基于最优货币区理论的研究认为，人民币在东亚地区 16 个经济体的“货币锚”作用不显著，美元仍然是该地区主要的“货币锚”。相似地，Spencer（2013）[109]采用主成分分析法进行的研究同样认为亚洲地区的经济体多数是以美元而非人民币作为其货币的“货币锚”。国内方面，关于人民币“货币锚”的研究主要集中于人民币在亚洲区域内是否起到了发挥“锚货币”的作用，但研究同样并未取得较为一致的结论。陈志昂（2008）[110]研究认为，人民币与东亚国家货币之间的关系逐渐趋于稳定，人民币正成为该区域货币的隐性“货币锚”。李晓和丁一兵（2009）[111]对东亚各国货币与人民币汇率变动之间的关系进行研究之后认为，人民币有条件成为该地区的“货币锚”，但现阶段而言，人民币的隐性“货币锚”作用只能通过与美元汇率保持稳定才能得以实现，其透露的隐喻表明人民币在该区域的货币锚效应仍然是美元货币锚效应的间接溢出。阙澄宇（2013）[112]基于状态空间模型的研究则发现，人民币影响力（货币锚作用）非常显著且已超过英镑，与日元相当。石建勋等（2013）[113]采用外部货币模型研究了人民币与东亚地区国家货币之间的关系时发现，人民币已经达到甚至超过了美元的作用并成为东亚地区国家货币的“货币锚”。安锦（2014）[114]基于人民币、欧元和日元对东亚货币圈的高频数据研究发现，日元和欧元在该区域的货币锚效应不显著，而人民币在汇改后的货币锚效应显著提升。杨雪峰（2015）[115]的研究则认为，人民币实际盯住美元的客观事实使美元实际上成了人民币的隐性“货币锚”，这使东南亚区域各国货币没有必要选择人民币作为其直接“货币锚”而间接驻锚美元，继而阻碍了人民币在东南亚国家货币锚效应的体现。杨荣海和李亚波（2017）[116]的研究认为，人民币已经成为全球大多数国家，特别是与中国有密切经济往来国家的隐性“货币锚”，通过加入资本账户开放度和人民币的交互项进行的研究进一步发现，资本账户开放速度加快有利于提升人民币在东南亚区域的隐性“货币锚”作用。姜红艳等（2018）[117]基于最优货币理论和状态空间时变参数模型的研究则认为，尽管人民币对港澳台地区的货币汇率产生显著影响，且具有成为“货币锚”的潜能，但当前来看依然没有成为我国经济圈国家货币的“驻锚货币”，美元依然发挥着最主要的“货币锚”作用。

4.2.2 人民币国际化改革（路径）的研究

关于人民币国际化改革在国内已经形成了非常丰富的研究成果，但现有研究的共性主要是基于某一区域（“一带一路”区域、东亚地区、金砖国家）进行宏观层面的现状、问题与政策建议分析为主。比如，中国人民大学国际货币研究所课题组（2018）[118]在对人民币国际化现状和障碍进行分析的基础上，提出通过全面高效的宏观政策国际协调来实现人民币国际化的手段。周小川（2018）[119]等认为，人民币国际化没有可循路径，其改革进程必须经历试错阶段，呈现渐进漫长的特征，并据此提出短期内需要在放缓资本项目开放步伐的基础上保持汇率稳定、完善人民币回流，长期内使人民币成为非主权国际货币体系的重要组成部分的“两步走”国际化战略。程贵等（2018）[120]则基于国际货币竞争视角采取演化博弈模型分析了人民币与中亚地区国家货币之间的影响关系并提出了如何实现东亚地区人民币国际化的建议。周宇（2017）[121]提出以人民币国际债券支持“一带一路”基础设施投资的方式推进人民币国际化的建议，以及刘一贺（2018）[122]从政策层面上提出人民币国际化在“一带一路”沿线国家的“新三阶段论”（2015—2045 年）路径，类似的研究还包括严佳佳和辛文婷（2017）[123]等。张军（2017）[124]则基于金砖国家层面提出通过提升金砖国家和发展中国家对人民币的认可度，促进人民币与金砖国家之间的贸易结算和投融资，以及向金砖银行注入等值人民币开展基础设施投资的方式推进人民币国际化改革建议。

综上所述，现有研究关于人民币国际化、人民币是否发挥“货币锚”作用业已取得显著成效，并据此提出了诸多关于人民币国际化改革的思路，但现有研究中也存在一些比较显而易见的问题。

其一，现有关于人民币国际化的研究更多地将聚焦点定位于人民币如何超越美元或者取代美元上，而忽略了人民币在 SDR 篮子五种国际货币中的客观位置。人民币有没有达到可以与欧元，甚至与英镑或日元相媲美的程度？如果连欧元抑或是英镑和日元的影响力都无法企及，又如何跨越好几个层次来实现对美元的超越呢？相应的研究结论及提出的国际化改革建议显然也就缺乏一定的可信度和可操作性。

其二，现有关于人民币国际化的研究更多的是参考美元、欧元和日元国际化过程定性地从宏观视角谈论人民币国际化改革该如何进行的问题，没有给出具体的顶层实施方案，比较笼统，缺乏可实施性；而关于人民币国际化的影响力（货币锚效应）研究更多的则是基于微观视角研究某一区域（国家）人民币国际化问题（如关于人民币在“一带一路”沿线国家如何国际化），这带来的好处是有利于厘清人民币国际化在该区域具体操作细则的制定和实施。但具体该从哪里入手进行人民币国际化改革？哪些区域需要巩固？哪些地区需要深化？哪些地区需要拓展？这些亟须厘清的问题未能给予清晰的回答。

其三，现有研究主要局限于宏观或微观单一视角，缺乏对区域层面中观视角的考量，使结论的可信度有待商榷。

据此，本书这一部分的边际贡献主要就是针对这些问题做一些改进，具体体现在以下两点。

其一，基于人民币国际化支付结算职能视角，采用中观层面的经验数据测算了不同区域内美元、欧元、英镑、日元和人民币五种主要国际货币的影响力（货币锚效应），并基于五种主要国际货币在不同区域的影响力进行了更为精细地比较，以便客观地厘清人民币与其他主要国际货币在支付结算职能视角的国际化成效，并对外界非理性地质疑人民币国际化进程给予客观的回应，为人民币国际化改革再启程提供思路。

其二，在从人民币国际化支付结算职能视角剖析人民币在不同区域的国际化进程基础上，明晰地提出我国人民币国际化改革再启程的实施步骤，为政府决策部门进行人民币国际化改革提供决策参考。

4.3 人民币国际化的现实考量：基于支付结算职能视角的实证分析

4.3.1 人民币国际化的现实考量：基于主要国际货币锚效应的估计

(1) 模型设定及数据来源说明

本书借鉴 Frankel 等（1994）[98] 的货币国际化模型，对部分变量进行替换，从支付结算职能的视角来分析人民币等国际货币对各区域国家（地区）货币的影响效应，以人民币汇率的变化为重点来刻画人民币在不同区域的国际化情况（支付结算职能发挥情况），其模型见式（4-1）。

$$Currency = \varphi_1 + \varphi_2 \times USD + \varphi_3 \times EUR + \varphi_4 \times JPY + \varphi_5 \times GBP + \varphi_6 \times CNY + \varepsilon \quad (4-1)$$

各变量具体含义为：*Currency* 为被解释变量，分别采用金砖国家样本、中国的前十大贸易伙伴样本（剔除东盟）① 和“一带一路”沿线国家样本②货币的实际有效汇率指数进行衡量，数据来自国际货币基金组织 IFS 数据库，部分国家的实际有效汇率指数在该数据库中若不存在，则采取该国货币兑换 SDR 的汇率数据予以近似替代③。USD、EUR、JPY、GBP、CNY 分别为五种主要国际货币美元、欧元、日元、英镑、人民币，分别采取实际有效汇率指数表示本模型的解释变量，数据来自 Wind 数据库。同时考虑到 SDR 在人民币国际化进程中扮演着重要角色，在实证模型估计时同时选取 SDR 作为中间货币以使数据更具有中立性，具体测算上以各主要国际货币兑换 SDR 汇率的月度数据作为解释变量做进一步研究，作为对实际有效汇率指数研究的稳健性检验。同时考虑到 2013 年 9 月提出的“一带一路”倡议以及样本期选取的一致性，为便于比较，故将实证研究的样本区间选为 2013 年 10 月至 2018 年 12 月④。主要国际货币实际有效汇率及其兑换 SDR 汇率的样本描述性统计如表 4-1 所示，样本描述性统计均为原始数据，为减小异方差性，实证研究时所有变量均经过取自然对数处理。

① 由于东盟包括诸多国家，且各国使用的货币不统一，无法采取代表东盟国家的统一样本汇率，故在实证中剔除东盟。

② 根据《推动共建丝绸之路经济带和21世纪海上丝绸之路的愿景与行动》中对“一带一路”区域的划分，“一带一路”沿线国家包括65个国家和地区。刘刚和张友泽（2018）[125] 对“一带一路”沿线国家进行的研究表明，人民币与中东欧、西亚、南亚诸多国家的相关系数较小。据此，本书研究时摒弃中东欧、西亚和南亚诸国，选取“一带一路”沿线国家中与我国紧密度比较强的东亚 10 国、南亚 8 国、中亚 5 国以及独联体 7 国。

③ 这些主要是“一带一路”沿线上经济体规模相对较小的国家，如缅甸、老挝等，共 24 个国家。

④ 样本期的选取主要考虑到了“一带一路”倡议的提出，便于人民币国际化在不同区域的情况比较能够处于同一样本期。

表 4－1　　　　样本（解释变量）描述性统计

变量	样本量	实际有效汇率				各主要国际货币兑换 SDR 汇率			
		均值	标准差	最小值	最大值	均值	标准差	最小值	最大值
USD	63	109.3823	6.567703	97.02	118.92	1.431754	0.0614223	1.35	1.55
EUR	63	93.74421	3.854522	87.02	101.63	1.214386	0.0528343	1.12	1.29
JPY	63	75.29281	3.801025	68.19	84.36	158.6433	7.820225	141.7	173.84
GBP	63	106.2854	7.181902	94.03	118.54	0.9905263	0.0723862	0.9	1.12
CNY	63	123.234	5.087224	113.61	131.05	9.175439	0.2823234	8.48	9.54

（2）模型估计

在模型估计过程中，仅以金砖国家样本为例给出详细的估计过程，对前十大贸易伙伴和“一带一路”沿线国家的估计具体过程不再给出，仅给出直接的估计结果。金砖五国实际有效汇率指数（Exchange）描述性统计结果如表 4－2 所示。

表 4－2　　　　金砖五国实际有效汇率指数描述性统计

实际有效汇率变量	样本量	均值	标准差	最小值	最大值
Exchange－China	63	123.234	5.087224	113.61	131.05
Exchange－Russia	63	85.92614	10.92487	65.34	105.84
Exchange－India	63	96.72351	6.676052	84.98	104.77
Exchange－Brazil	63	82.02667	7.291778	63.94	93.22
Exchange－SAfric	63	76.79982	5.439344	62.31	86.03

金砖国家实际有效汇率指数以及美元、欧元、日元、英镑和人民币的实际有效汇率指数及它们兑 SDR 汇率的所有变量面板单位根检验结果如表 4－3 所示。

表 4－3　　　　各变量面板单位根检验结果

变量	实际有效汇率指数				各主要国际货币兑换 SDR 汇率			
	LLC 检验	IPS 检验	HT 检验	Breitung 检验	LLC 检验	IPS 检验	HT 检验	Breitung 检验
LnExchange	－1.8338 (0.0333)	－1.5990 (0.0549)	－1.4587 (0.0723)	－0.9976 (0.1592)	－1.8338 (0.0333)	－1.5990 (0.0549)	－1.4587 (0.0723)	－0.9976 (0.1592)
一阶差分	－10.41 (0.0000)	－10.1784 (0.0000)	－23.0058 (0.0000)	－7.7484 (0.0000)	－10.4100 (0.0000)	－10.1784 (0.0000)	－23.0058 (0.0000)	－7.7484 (0.0000)

续表

变量	实际有效汇率指数				各主要国际货币兑换SDR汇率			
	LLC检验	IPS检验	HT检验	Breitung检验	LLC检验	IPS检验	HT检验	Breitung检验
LnUSD	-1.5655 (0.0587)	-0.0143 (0.4943)	0.4909 (0.6883)	2.6201 (0.9956)	-1.3792 (0.0839)	-0.3519 (0.3625)	0.0401 (0.5160)	0.4954 (0.6898)
一阶差分	-8.7976 (0.0000)	-8.9632 (0.0000)	-24.2366 (0.0000)	-9.1739 (0.0000)	-3.1548 (0.0008)	-4.4985 (0.0000)	-27.7647 (0.0000)	-8.8282 (0.0000)
LnEUR	-0.3290 (0.3711)	-0.2227 (0.4119)	0.9282 (0.2046)	-1.4064 (0.0798)	-0.9135 (0.1805)	-0.3657 (0.3573)	-0.2932 (0.3847)	-0.4807 (0.3154)
一阶差分	-13.945 (0.0000)	-13.2534 (0.0000)	-34.6575 (0.0000)	-11.0640 (0.0000)	-13.5013 (0.0000)	-12.6342 (0.0000)	-33.1959 (0.0000)	-10.8157 (0.0000)
LnJPY	-0.5061 (0.3064)	-1.3271 (0.0922)	-1.6084 (0.0539)	-1.9861 (0.1235)	-0.3149 (0.3764)	-0.9786 (0.1639)	-1.4783 (0.0697)	-2.1910 (0.1142)
一阶差分	-11.356 (0.0000)	-10.6748 (0.0000)	-28.1088 (0.0000)	-7.8705 (0.0000)	-12.2248 (0.0000)	-11.4556 (0.0000)	-30.1522 (0.0000)	-8.5766 (0.0000)
LnGBP	1.4560 (0.9273)	1.9044 (0.9716)	0.9777 (0.8359)	-1.8611 (0.0314)	1.0919 (0.8626)	2.1307 (0.9834)	1.1705 (0.8791)	-0.8758 (0.1906)
一阶差分	-15.193 (0.0000)	-14.0202 (0.0000)	-36.2433 (0.0000)	-9.2265 (0.0000)	-16.6605 (0.0000)	-15.3481 (0.0000)	-39.1212 (0.0000)	-9.6650 (0.0000)
LnCNY	-0.9900 (0.1611)	-1.1501 (0.1250)	-0.5398 (0.2947)	-0.2859 (0.3875)	0.2161 (0.5856)	-0.2665 (0.3949)	-0.0847 (0.4663)	-1.4244 (0.0772)
一阶差分	-8.8674 (0.0000)	-8.1843 (0.0000)	-21.492 (0.0000)	-6.7278 (0.0000)	-10.3455 (0.0000)	-9.7726 (0.0000)	-25.9947 (0.0000)	-8.1694 (0.0000)

注：数值为该检验对应的统计量值，括号内为对应的p值。

表4-3的结果显示，除被解释变量LnExchange的LLC统计量在5%显著性水平拒绝存在单位根的假设以外，其余检验均显示存在面板单位根，一阶差分后稳定，故需要采取一阶差分序列进行估计。进一步地，Breusch-Pagan检验得到检验统计量结果分别为5328.83和5196.22，拒绝原假设，说明模型不适合用混合回归。就模型采取固定效应还是随机效应进行豪斯曼检验得到统计量值均为0，p值为1，接受原假设。所以，最终模型估计都应该选择随机效应模型估

计，得到估计结果如表4－4[①]所示。

表4－4 金砖国家样本估计结果

解释变量	估计结果（实际有效汇率指数）	估计结果（各主要国际货币兑换SDR汇率）
	随机效应估计	随机效应估计
LnUSD	−0.6088*** （−3.47）	−0.4379** （−1.82）
LnEUR	−0.4464*** （−5.80）	0.2147 （0.65）
LnJPY	−0.1799* （−1.72）	−0.1219 （−0.95）
LnGBP	−0.1944 （−1.04）	0.1047 （0.70）
LnCNY	−0.2766* （−1.58）	−0.5228*** （−2.95）
_cons	0.0012 （0.61）	−0.0006 （−0.32）

注：***、**、*分别表示在1%、5%、10%显著性水平上显著，括号内为对应系数估计统计量的p值。

进一步地，采取金砖国家样本数据同样的估计方法和步骤，分别对我国前十大贸易伙伴和“一带一路”沿线国家样本进行估计，得到估计结果如表4－5所示。

表4－5 我国前十大贸易伙伴和“一带一路”沿线国家样本估计结果

解释变量	前十大贸易伙伴		“一带一路”沿线国家	
	估计结果（实际有效汇率指数）	估计结果（各主要国际货币兑换SDR汇率）	估计结果（实际有效汇率指数）	估计结果（各主要国际货币兑换SDR汇率）
	随机效应估计	随机效应估计	固定效应估计	随机效应估计
LnUSD	−0.1367* （−1.37）	−0.1241* （−1.52）	−0.2386** （−1.99）	−0.3688** （−2.26）

① 表4－4中第二列（各主要国际货币兑换SDR汇率）估计结果是对第一列（实际有效汇率指数）估计结果的稳健性检验，表4－5中亦是如此。

续表

解释变量	前十大贸易伙伴		"一带一路"沿线国家	
	估计结果（实际有效汇率指数）	估计结果（各主要国际货币兑换 SDR 汇率）	估计结果（实际有效汇率指数）	估计结果（各主要国际货币兑换 SDR 汇率）
	随机效应估计	随机效应估计	固定效应估计	随机效应估计
LnEUR	-0.0437*** (-4.15)	-0.0866* (-1.47)	-0.1832** (-2.13)	-0.2638** (-1.96)
LnJPY	-0.0342 (-0.58)	-0.1606*** (-2.24)	-0.0528* (-1.74)	-0.1128* (-1.26)
LnGBP	-0.1284** (-2.03)	0.034661 (0.42)	-0.1682 (-0.68)	0.1538 (0.97)
LnCNY	-0.358*** (-3.61)	-0.3066** (-1.78)	-0.1729*** (-3.27)	-0.1852*** (-4.21)
_cons	0.0003 (0.3)	-0.0005 (-0.44)	0.0057 (0.93)	0.0008 (-0.52)

注：***、**、*分别表示在1%、5%、10%显著性水平上显著，括号内为对应系数估计统计量的p值。

4.3.2 人民币国际化的现实考量：支付结算职能视角的实证估计结果分析

表4-4的估计结果显示，在金砖国家样本中，美元和人民币汇率的波动都将会对金砖国家实际有效汇率的波动产生显著的货币锚效应（系数统计量显著）①，且美元汇率每波动1%将会带动金砖国家实际有效汇率向相反方向波动0.6088%（若以SDR作为中间货币测算，汇率指数反方向波动0.4379%），人民币汇率每波动1%将会带动金砖国家实际有效汇率向相反方向波动0.2766%（若以SDR作为中间货币测算，汇率指数反方向波动0.5228%）②，而欧元（或日元）汇率波动对金砖国家货币的货币锚效应因货币度量方法选择不同而异。当以欧元（或日元）实际有效汇率指数来衡量时，两者汇率波动对金砖国家存

① 货币锚效应本质上就是反应一国货币在国际上的影响力。

② 这一点与杨荣海和李亚波（2017）[116]采取不同的方法得到人民币已成为大多数国家，特别是与我国经济往来密切的国家的"隐性货币锚"，且具有负向效应的结论相吻合。

在货币锚效应。具体而言，欧元（或日元）实际有效汇率每波动1%将会对金砖国家的实际有效汇率产生0.4464%（或0.1799%）的影响，但在以SDR作为中间货币测算下的汇率指数估计中，欧元和日元汇率波动对金砖国家实际有效汇率并没有产生显著的影响（系数统计量不显著），即不存在货币锚效应，而英镑的波动对金砖国家实际有效汇率的影响效应（货币锚效应）完全不存在。进一步地，从各主要货币单位汇率波动对金砖国家实际有效汇率的货币锚效应影响大小来看，美元的货币锚效应影响程度总体而言是最大的，其次是欧元（以实际有效汇率作为解释变量时），最后是人民币，但是在以SDR作为中间货币进行测算时，我们发现，人民币对金砖国家的货币锚效应要略强于美元。这表明人民币在金砖国家区域内部已经能够发挥出与美元一样的计价结算和储备货币的国际货币职能。这一点很容易理解，金砖国家同为新兴经济体，国家之间的政治、经贸合作异常频繁，俄罗斯和巴西均已成为我国前十大贸易伙伴，且俄罗斯属于美元外汇储备较少同时又受到美国制裁的国家，更愿意采用人民币进行计价结算，这使人民币在我国与这些国家进行贸易结算时得到广泛认可。随着金砖国家开发银行、金砖国家外汇储备应急基金以及金砖国家工商理事会等机构的建立，金砖国家本国货币（尤其是人民币）在贸易结算中将发挥越来越大的作用，并且在一定程度上能够达到与美元相提并论的地位。

进一步地，表4-5中关于我国前十大贸易伙伴（东盟除外）的样本估计发现，美元、欧元和人民币对欧盟、美国、中国香港、日本、韩国、中国台湾、澳大利亚、俄罗斯、巴西等国家或地区的货币存在货币锚效应，日元和英镑对我国前十大贸易伙伴货币的货币锚效应因汇率变量选择不同而异。从存在货币锚效应的货币估计结果来看，人民币对该地区货币实际有效汇率的影响效应排名第一，美元第二，欧元第三。这表明人民币在我国前十大贸易伙伴中作为国际货币的地位和作用要明显强于美国[①]，俨然已成为美元的强大竞争对手，使美国在正常经济竞争中难以有效抑制人民币崛起对美元霸权的挑战，这也可能是

① 这里需要指出的是，样本中还没有包括东盟各国，鉴于东盟各国与我国的双边货币合作更为密切，贸易中使用人民币结算（或以人民币作为储备货币）的情况更为普遍，如果将东盟各国纳入样本中，理论上而言，人民币的货币锚效应相较于美元会更明显。

美国频频在东南亚等区域对中国采取战略围堵的原因，目的就是要防止人民币在该区域内取代美元成为主要的交易结算和储备货币。而关于“一带一路”沿线国家样本估计结果则显示，美元、欧元、日元和人民币四种主要国际货币对“一带一路”沿线国家货币均存在货币锚效应，且从美元、欧元、日元和人民币四种货币对“一带一路”沿线国家货币锚效应的强弱来看，美元作为全球霸主货币仍然排名第一，欧元第二，人民币第三，日元第四，而英镑则对“一带一路”沿线国家货币不存在货币锚效应。这表明人民币在“一带一路”沿线国家的贸易结算和国际储备之国际货币职能上总体依然弱于美元且存在明显差距。这一点也容易理解，尽管美国没有加入“一带一路”倡议，但美元依然是当今世界最主要的贸易结算货币，其霸主地位仍然难以撼动。但是人民币在“一带一路”沿线国家发挥的货币锚效应略逊于欧元，其原因一方面是美元和欧元清算的基础设施在“一带一路”沿线国家早已存在巨大网络效应，使这些国家对美元和欧元的使用存在路径依赖；另一方面则可能正如刘刚和张友泽(2018)[125]研究所言，“一带一路”倡议虽然由中国提出，但并非中国一家之“独奏曲”，而是全球共同发展、互利共赢的“合唱曲”，欧元作为全球第二大国际货币也并非浪得虚名，其在“一带一路”沿线国家与欧盟各国贸易中扮演的重要结算和储备货币功能得到了应有的发挥。且不可忽略的是，实证研究还表明，日本虽没有成为“一带一路”倡议内的成员国，参与“一带一路”沿线国家的经济活动程度也不高，但日元对“一带一路”沿线国家货币的货币锚效应却非常显著，这说明日本作为东亚经济强国的地位让日元得以搭乘“一带一路”的“便车”，充分地发挥出了其作为国际货币的应有职能，成为与人民币和欧元相抗衡的竞争对手。这也从侧面表明人民币在“一带一路”货币圈中没有发挥出其应有的计价结算和国际储备的功能，其在“一带一路”沿线国家的国际化仍具有广袤的空间，这也为我国人民币国际化改革再启程提供了启迪。

总体而言，无论是基于金砖国家的样本研究，还是基于我国前十大贸易伙伴和“一带一路”沿线国家的样本研究，人民币在这三个区域的货币锚效应均稳定存在，且明显要强于日元和英镑，略逊于欧元，这从侧面印证了我国人民币在国际化进程中确实取得了持续的进展，而并非出现倒退或停滞不前现象。但我们不可忽视的是，人民币国际化的道路依然任重而道远。美元作为全球最主要国际货币的霸主地位依然难以撼动[①]；欧元虽然在金砖国家区域和中国前十大贸易伙伴中的影响力要略微弱于中国，但在“一带一路”沿线区域国家的影响力要明显强于人民币；日元在“一带一路”沿线区域国家的影响力虽然比人民币要弱一些，但凭借其东亚经济强国的实力使其在“一带一路”沿线区域国家存在货币锚效应，其后续货币锚效应强度的提升值得关注。相较而言，英镑作为老牌的国际货币，其地位已经一落千丈，无论是在金砖国家区域还是与我国前十大贸易伙伴，抑或是“一带一路”沿线国家区域的影响力，都很微弱。

4.4 人民币国际化改革再启程路径

这一章基于货币国际化支付结算职能视角的实证研究发现，人民币作为新兴国际货币在金砖国家、我国前十大贸易伙伴以及“一带一路”沿线国家区域均存在显著的货币锚效应，且在某些特定区域内的货币锚效应（支付结算方面的国际影响力）能够与美元相媲美。但总体而言，这种货币锚效应的强度在金砖国家区域、“一带一路”沿线国家区域乃至全球其他区域仍然不能与老牌霸主货币美元相提并论，甚至还无法达到与欧元相抗衡的地位。但人民币的这种货币锚效应相较于日元和英镑而言，尽管从宏观层面的国际支付全球市场份额上看稍显滞后，但更为精细的中观层面研究表明，至少在本书研究的样本期内，人民币的国际货币锚效应已经实现超越。因此，有理由认为人民币国际化已经取得了长足的进展，但我们的实证研究也表明，人民币想要打破国际货币市场对美元、欧元的使用惯性和路径依赖，达到广泛使用的效果，最终实现专家学者所期望的与中国经济和贸易地位相匹配的货币地位依然任重而道远。也就是说，人民币国际化并非一蹴而就，其改革进程必须循序渐进，有步骤地推进。结合研究，我们认为人民币国际化改革再启程路径应该遵循以下步骤。

第一步，要巩固与我国前十大贸易伙伴之间业已取得的人民币国际影响力。我们既要深刻认识到人民币在我国前十大贸易伙伴中的影响力，更要在此基础

---

① 尽管美元在中国前十大贸易伙伴中的货币锚效应弱于中国，但如果从美国前十大贸易伙伴的样本进行研究，结果可能会发生逆转。

上进一步巩固与前十大贸易伙伴（主要为东盟和亚洲周边国家或地区）之间的双边货币合作力度，依托香港离岸金融中心，逐步推进资本账户的渐进开放，通过人民币“贸易结算+离岸市场”与“企业‘走出去’+人民币资本输出”双主线交替发展的方式巩固人民币在我国前十大贸易伙伴货币圈的锚效应，增强人民币在东盟及亚洲其他区域的影响力。

第二步，深化金砖国家区域内的人民币国际影响力。鉴于美元和欧元在金砖国家区域的货币圈内依旧发挥着最为主要的国际货币锚效应功能，我们要依托我国与金砖国家之间业已建立的良好合作关系，充分依托新兴经济体经济发展模式所具有的优势互补功效和抱团取暖作用，借助每年一度的金砖国家峰会以及金砖国家银行等多边金融合作机制，不断扩大跨境人民币在金砖国家使用的主体范围，推进境外人民币结算流量及存量市场，通过离岸、在岸市场相互联动作用扩大跨境人民币资本流动途径，以此深化人民币在金砖国家区域的国际化程度，实现人民币在金砖国家区域的国际化“弯道超车”。

第三步，拓展“一带一路”沿线国家区域的人民币国际影响力，并以此为突破口，深入推进人民币国际化。借助我国作为“一带一路”倡议提出者的便利优势，充分发挥亚洲基础设施投资银行的多边开发性金融机构作用，通过“丝路基金”等多种模式加大对“一带一路”沿线国家优质项目的投资，激发境外实体经济对人民币的需求，有效推进“一带一路”沿线国家的贸易和投融资以人民币作为跨境结算货币。这样既可以促进“一带一路”沿线国家经济社会的发展，也可以实现我国与“一带一路”沿线国家的经贸、投融资往来，为人民币在该区域国际影响力的提升起到助推作用。

第四步，谋划其他区域的人民币国际影响力。在巩固前十大贸易伙伴、深化金砖国家、拓展“一带一路”沿线国家的基础上，谋划在埃及、阿尔及利亚、委内瑞拉等美元外汇较少的国家或地区使用人民币作为贸易结算和储备货币。

最后，在上述“四步曲”的基础上，要特别重视与国际货币基金组织合作，尤其是要发挥好人民币加入 SDR 之后作为 SDR 篮子货币的便利契机，促进人民币与 SDR 之间汇率及权重的稳定，以获取国际货币基金组织成员国使用 SDR 时人民币使用率的提升，继而提高人民币在全球范围内的货币锚效应，借道 SDR 出海，助力人民币国际化。

5　人民币国际化的“困”与“解”：从央行政策行为透视改革思路

如何理性看待人民币国际化及其面临的现实之“困”是当前国际金融领域关注的焦点。这一章基于纵向和横向两个层面，从跨境人民币指数（CRI）和离岸人民指数（ORI）、人民币在国际支付全球市场份额与排名、国际储备占比和计价债券占比等指标对人民币国际化的现实状况进行了考量，发现人民币国际化取得了显著的成效，但相较于美元、欧元的国际化程度仍存在一定差距。基于当前人民币国际化面临的主要障碍及央行对我国人民币国际化的政策行为及效应分析，从央行政策微调维护汇率稳定、加强金融基础设施和市场建设、资本账户开放，以及人民币区域化到国际化战略实施方面提出了人民币国际化改革再启程的政策建议。

5.1　引言

如何寻求人民币“走出去”，实现人民币国际化成为当前国际金融领域热议的焦点，尤其是在最近几年人民币汇率波动较为剧烈、政府政策行为改革较为频繁的阶段，关于人民币国际化及其改革成效的探讨更为集中。一些专家学者认为，随着我国经济在世界舞台上的全面崛起，人民币理应获得与我国经济地位和贸易地位相匹配的国际货币地位，打破现有国际货币体系对美元、欧元等关键货币的路径依赖，实现人民币国际化。事实上，货币国际化源于开放经济下各国货物贸易及投资的频繁化，理论上而言，货币国际化就是货币在世界范围内充当支付结算、投融资和储备货币的职能。货币之父蒙代尔（2003）[126]认为，完全国际化的货币需要货币发行国具备开放的经济自由度、自由的外汇流动、占比较高的国际贸易和产出以及货币币值的稳定性等。可见，币值稳定是一国货币实现其国际化的必要前提条件，实践中各国政府都在致力于维护本国货币的币值稳定以保持本国外汇储备的价值[①]。一般来说，货币币值稳定通常表现为对内物价（通货膨胀率）的稳定和对外汇率的稳定。近几年国内通货膨胀率一直处于较为稳定的低位运行，奠定了人民币国际化对内物价稳定的需求。于是，诸多专家学者更多地将重点聚焦于对外的人民币汇率稳定。但客观上，在当时我国经济进入新常态之后，产业结构面临转型升级的阵痛期，使国内经济面临一定的下行压力，以及在2018年中美贸易摩擦升级、外汇市场频繁波动等内外因素的夹击下，人民币汇率自2015年"811"汇改之后开启了相对较为剧烈的贬值、升值和贬值的反复波动过程（见图5－1）。

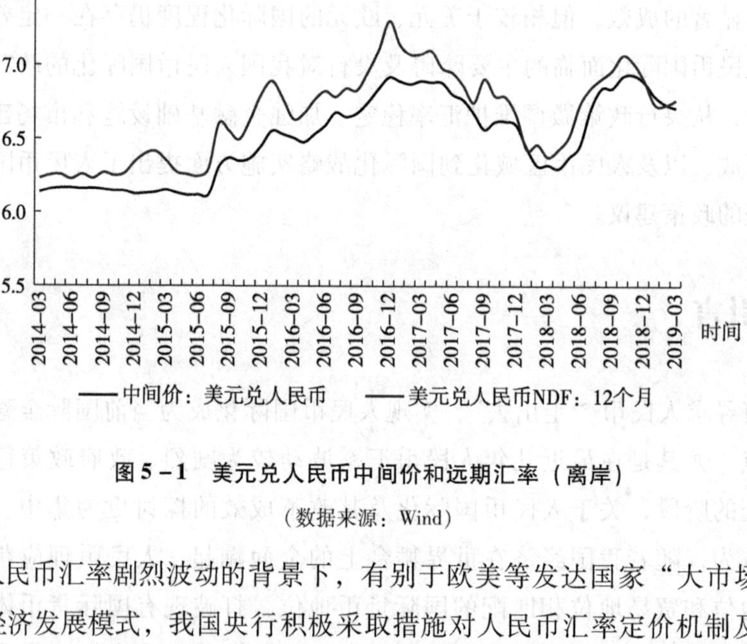

图5－1　美元兑人民币中间价和远期汇率（离岸）

（数据来源：Wind）

在人民币汇率剧烈波动的背景下，有别于欧美等发达国家"大市场、小政府"的经济发展模式，我国央行积极采取措施对人民币汇率定价机制及外汇业务进行及时调整，充分发挥了对整个经济运行的重要指导和管理作用，在一定程度上扭转了市场对人民币汇率的单方面贬值（或升值）预期，稳定了人民币

① 人民币币值在均衡水平下的长期稳定，有利于贸易和投资便利，以及人民币信誉和需求水平的实质性提高。

汇率。但外界对我国人民币国际化进程及改革仍提出了质疑，认为我国人民币国际化在这几年出现了停滞，甚至倒退。那么，事实上是否如此？人民币国际化的现状到底如何？又该如何理性看待人民币国际化进程中出现的汇率波动问题？人民币国际化当前主要面临哪些障碍？以及央行对此进行了什么样的调整？效应如何？从中又透视出央行对人民币国际化未来改革的取向如何？显然，厘清这些问题，不仅有利于我们客观回应当前外界对人民币国际化的质疑，又能够从央行政策行为透视出人民币国际化改革取向，并据此提出我国人民币国际化改革再启程的政策建议。

5.2 人民币国际化的“困”：现实考量及面临的障碍分析

5.2.1 人民币国际化现实考量

(1) 人民币国际化的纵向考量

货币国际化的度量指标目前主要有四类：第一类是从货币价值贮藏的角度将国际货币基金组织 COFFER 数据库的国际官方外汇储备份额作为代理变量，如孙海霞和谢露露（2010）[127]、杨荣海（2014）[128]等，但该数据的局限性在于自 2016 年底才开始公布，时间较短。第二类是采取国际清算银行数据库中国际债券的币种结构指标，从记账单位的角度去衡量人民币国际化，如李稻葵和刘霖林（2008）[129]等，甚至还有学者如沙文兵和刘红忠（2014）[130]采取境外人民币存款规模来衡量。这些指标的共性是从单一职能的角度来对人民币国际化情况进行考量，显然不能够综合反映我国人民币国际化的真实现状。第三类是采取影响人民币国际化的一些因素自行构建人民币国际化指数，这在学界进行实证研究时用得比较多，如林乐芬和王少楠（2015）[131]、彭红枫和谭小玉（2017）[132]、张晓莉和李倩云（2018）[133]等。第四类是一些机构和官方的统计指标，主要有渣打人民币环球指数（RGI）、人民币跨境指数（CRI）、人民币离岸指数（ORI）以及中国人民大学牵头编制的人民币国际化指数（RII）。综合考虑各类统计方法的优劣性以及数据的可得性（如人民币国际化指数存在发布的时间比较短、数据不足且作者未给出详细的测算权重等问题），本书采用较为常用的中国银行统计的跨境人民币指数（CRI）（见图5-2）和离岸人民币指数（ORI）（见图5-3）进行纵向考量。

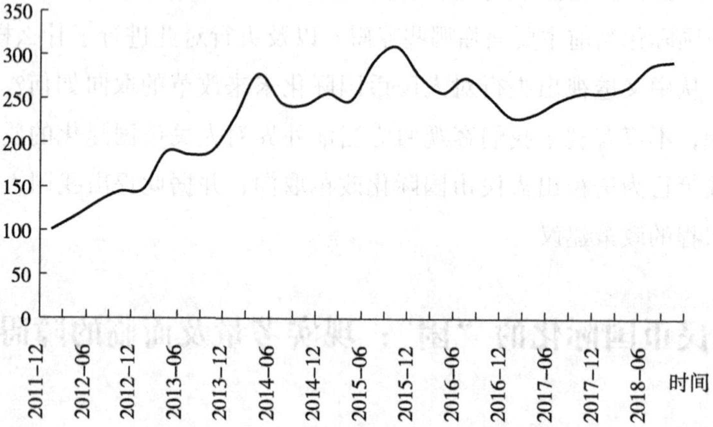

图5-2 中国银行跨境人民币指数（CRI）

（数据来源：Wind）

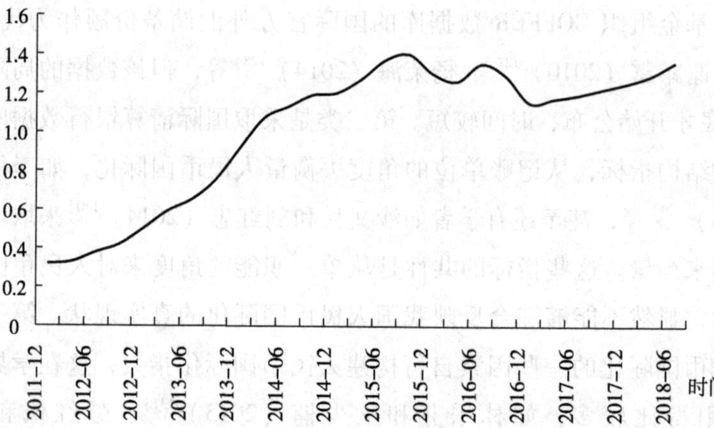

图5-3 中国银行离岸人民币指数（ORI）

（数据来源：Wind）

从人民币跨境指数来看，整体上人民币国际化呈现出稳步跃升的趋势。分阶段来看，人民币跨境指数呈"M"形结构的走势，之后又趋于稳步上升态势。

该指数自2011年第四季度的100逐渐上升至2013年第四季度的280左右，之后的2014年第一、第二季度开始出现下降。随后，人民币国际化指数再次步入上升通道，受2015年“811”汇改的影响，该指数自2015年第四季度开始进入下行通道，直到2017年才开始出现回暖，之后又开始进入稳步上升通道。进一步地，从人民币离岸指数反映的人民币国际化程度来看，其总体趋势与人民币跨境指数的“稳步跃升”走势表现一致，与人民币跨境指数有所不同的是，自2011年开始统计该指数以来到2015年“811”汇改之前的阶段内，离岸人民币指数所测算的离岸金融市场上资金存量规模、资金运用状况、金融工具使用等方面持续处于增长状态而没有出现小幅度的回调，但人民币离岸指数所反映的人民币国际化程度同样受到了2015年“811”汇改所导致的人民币汇率较大幅度波动的溢出效应冲击，出现了持续的回落，直到2017年才开始稳步回升并进入稳步上升通道。

（2）人民币国际化的横向考量

我们进一步基于美元、欧元、日元、英镑和人民币之间的横向比较来考量人民币国际化情况。首先，从人民币国际支付全球市场份额和排名情况来看，截至2019年1月，人民币在国际支付的全球市场份额中仍然占据较小比例，美元和欧元仍然是最主要的国际支付货币，且支付份额分别保持在40%和30%左右，人民币支付份额大约只占2%（2019年1月为2.15%）；从人民币在国际支付全球排名的情况来看，人民币依然处于美元、欧元、英镑和日元之后，但相比2013年已有明显上升（见图5-4和图5-5）。

其次，从人民币价值贮藏职能来看，2017年以来，我国央行相继与新西兰、蒙古国、阿根廷、瑞士的货币当局续签了双边本币互换协议，欧洲央行则将价值5亿欧元的美元储备转换为人民币。这从一个侧面表明，以人民币为中心的货币安全网正在不断进行较大规模的扩容（王家强和赵雪情，2017）[134]，其货币储备职能得到进一步增强。如图5-6所示，截至2018年末，人民币外汇储备规模约2027.9亿美元，人民币在全球外汇储备占比上升为1.89%，占比已超越澳大利亚元（1.62%）和加拿大元（1.84%），创下自2016年10月报告人民币储备资产以来的最高水平，但相较其他主要国际货币而言，其占比仍然严重偏低。与此同时，我们看到美元在全球外汇储备中的占比尽管出现了连续第三个

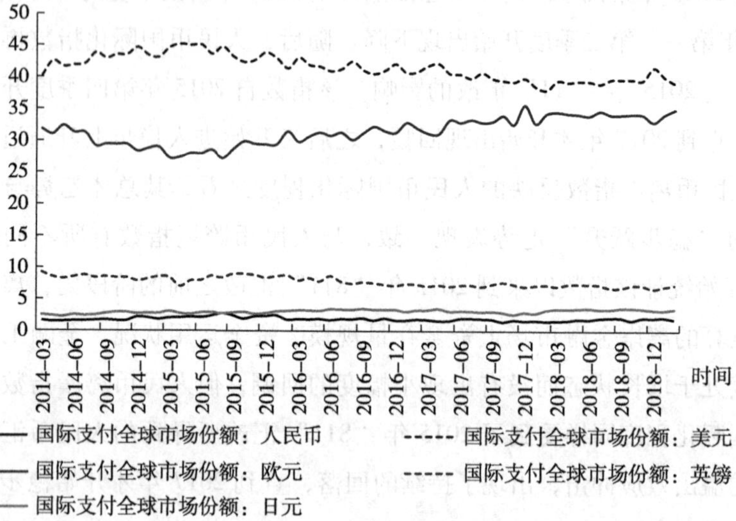

图 5－4　人民币国际支付全球市场份额

（数据来源：Wind）

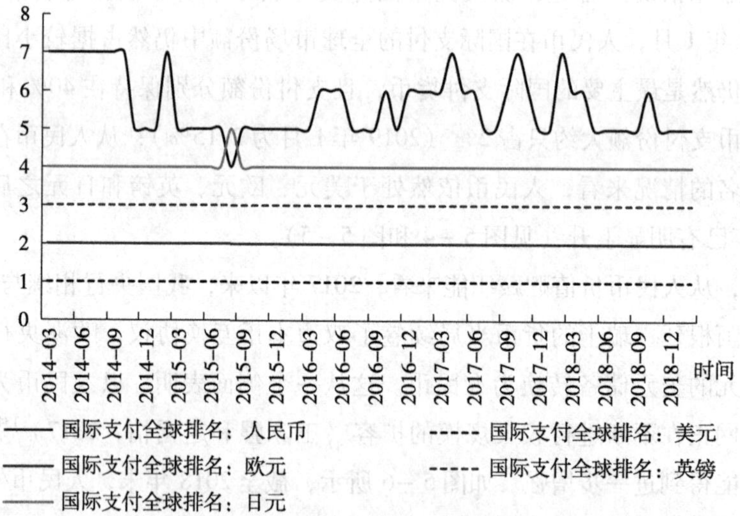

图 5－5　人民币国际支付全球市场份额排名

（数据来源：Wind）

季度的下降（降至61.69%），并创下2013年第四季度以来的新低，但美元依然是全球主要央行持有规模最大的储备货币，其次是欧元（20.69%）、日元（5.2%）和英镑（4.4%）。进一步从人民币计价债券在全球债券市场中的占比来看，截至2018年末，这一比例仅为0.63%，与其他主要国际货币计价债券在全球市场的份额相比更是偏低。

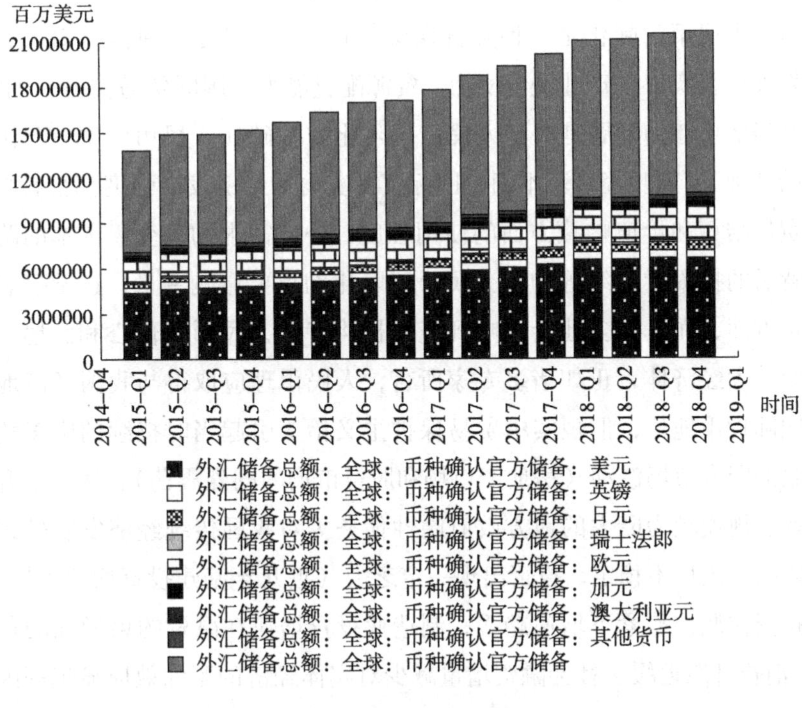

图5-6 官方外汇储备货币构成情况

（资料来源：国际货币基金组织）

从人民币自身发挥的支付、价值贮藏和债券计价三大货币职能的比较来看，人民币在全球支付中的占比（支付职能）相对较高，而在以人民币计价债券和官方储备货币中的占比（价值贮藏职能）相对较低，这从侧面可以反映出人民币跨境贸易计价结算和支付手段的国际化职能发展相对更为迅速，而债券计价和价值贮藏的职能发展仍然比较滞后，但相较于美元、欧元等其他主要国际货币而言，均严重滞后且相去甚远。

5.2.2 人民币国际化面临的现实障碍

（1）经济基本面方面

理论上而言，货币的国际地位取决于货币发行国的经济基本面（贸易实力、经济发展情况等），金融市场发展的广度与深度（跨境资本结算的便利性、资本账户开放情况、避险类金融工具是否多样化等），币值的稳定性等多种因素。从表象来看，人民币国际化是一种金融现象，但本质上却是一种经济现象，是一国经济发展综合实力（产业经济实力、资源配置能力、国际贸易实力）的体现。国内宏观经济形势的发展是决定人民币国际化的基础（人民币汇率参与国际市场定价的基础），反映经济基本面的国际贸易实力和经济发展强度都会影响到人民币在贸易结算和价值贮藏方面的使用程度，外部需求的改变、资本的跨国波动及其背后的投资者情绪等均是人民币国际化的重要影响变量，这不仅表现在汇率稳定方面，而且更多地会影响到境外机构持有人民币的信心和意愿。我国是全球第二大经济体，正如诸多专家所言，人民币理应取得与我国经济地位相适应的国际货币地位，但现实中贸易保护主义抬头引起当时持续的中美贸易摩擦、频繁的资本市场波动（房地产市场和股票市场的剧烈震荡）、快速上升的居民杠杆率、规模较为庞大的地方政府隐性债务等对我国传统经济发展模式产生了严重影响，出口不稳定、投资出现一定乏力（近几年基建投资增速大幅下降、房地产投资在调控趋紧下增速趋缓，制造业投资增速在融资约束增强的背景下偏弱）、消费升级迟缓、社会融资增量减少对实体经济的紧缩效应显现等因素导致经济增速在最近几年出现持续回落，经济发展面临较大的下行压力，影响到人们持有人民币的信心，资本外逃风险加大，致使外汇市场供求失衡，人民币汇率贬值及贬值预期高企，成为影响人民币国际化最为重要的障碍。

（2）人民币汇率方面

汇率并非一国货币国际化唯一和根本的决定要素，因此我们不能简单地将人民币国际化与汇率稳定直接画等号，但汇率稳定却是影响人民币国际化的重要因素，稳定的汇率能够使各国央行更加乐于持有人民币并以人民币进行计价结算、投融资或将其作为储备货币。但是，人民币国际化也并非要求汇率完全处于稳定状态而摒弃市场的正常波动，适度的汇率波动反而是市场的客观行为，能够更好地体现汇率的价值衡量作用，且汇率的稳定相较于单边升值显得更为重要。从历史经验看，美元和日元的国际化进程中，汇率也曾经出现过较大的波动，也并非一直处于单边升值状态，但这并未从根本上影响美元和日元的国际化进程。长期来看，货币币值稳定有利于人民币国际化，反过来，人民币国际化又会有利于维持人民币币值和国际货币体系的稳定，并带来人民币的升值预期，降低人民币汇率的脆弱性，减少汇率风险，这在业界已基本达成共识（Agens 和 Yeganeh，2015[135]；范小云等，2014[136]）。从我国的现实情况来看，2015 年“811”汇改之后，美元兑人民币汇率中间价从 6.2 附近一路贬值到 2016 年 12 月的 6.9666，2017 年底回到 6.3 附近，之后的 2018 年又开始急剧下跌至几乎要破“7”的重要心理关口。超出适当范围的汇率波动会对人民币国际化产生一定的负面冲击，使人民币汇率表现出 M 形结构走势（潘锡泉，2018[137]）。

（3）跨境人民币基础设施建设方面

人民币国际化需要强大的基础设施支撑，作为跨境人民币支付结算重要基础设施的跨境支付系统仍在不断改进中，致使人民币跨境支付系统（CIPS）业务不及预期。尽管人民币跨境支付系统（CIPS）已投入使用，二期也已经在 2018 年 5 月 2 日全面投产上线，但是参与机构、处理业务量不及预期，覆盖范围不足、业务种类相对单一、证券清算结算体系割裂、交易流程和政策与国际惯例没有统一对接、时区差别和流动性占用等问题频频暴露。与美元、欧元的支付体系相比，CIPS 在货币政策传导、资金周转优化、金融监管和经济预测等方面存在明显短板（中国人民大学国际货币研究所课题组，2018）[118]，人民币跨境交易效率亟待进一步提升。从跨境结算使用主体来看，人民币跨境结算主要集中于港澳地区，且以大型国有企业为主，几乎看不到小企业的身影，其他地区人民币结算量非常少，且结算主要在出口贸易中，进口贸易中的结算占比相对较少，客观上决定了人民币在跨境结算中使用率不高，这也从侧面反映出我国当前人民币国际化的区域和主体缺乏广覆性。

（4）国内金融市场及避险金融产品方面

发达的金融市场是一国货币国际化的重要基础。货币政策需要发达的金融市场进行传导才能有效发挥出其维护外汇市场稳定、缓冲投机性资本流动、提升该货币资产国际吸引力的功效。所以，人民币能不能成为国际货币，关键在于我国是否具备规范、开放、交易规模显著的金融市场。从国际货币发展历史来看，一国货币要成为国际货币，必然要求其国内金融市场能够应对来自境外投资者对该货币的需求，也就意味着需要有完善便捷的货币输出、流通、回笼通道，以及自由便利的结算和汇兑机制，这就要求我国具备发达的金融市场予以支撑（如能够提供跨国性的金融机构和业务平台）。从我国当前的现状来看，没有形成较为发达的金融市场，也缺乏具备国际竞争力的金融机构，非居民获得人民币的渠道相对欠缺，因此难以支撑人民币国际化进程的快速推进。在我国金融市场发展相对滞后的客观现实下，衍生出的最直接的问题就是我国的企业和金融机构一方面缺乏足够的能够有效控制人民币汇率市场风险的多样化避险金融工具，另一方面又缺乏足够的内生动力去设计和开发外汇市场避险金融产品①，这反过来又对金融市场的发展产生影响，继而形成恶性循环。尽管我国已经为境外投资者配置人民币资产、管理市场风险提供了诸如沪深300 指数 ETF 期货合约、美元兑离岸人民币期权以及国债期货合约 HTF 等便捷有效的金融工具，但总体而言，外汇金融市场上所涉及的股票、股指、ETF 等衍生品交易依然处于尚未成熟的阶段，离岸人民币债券发行、人民币外汇远期交易受国内经济下行影响逐渐步入低谷，整体金融市场缺乏活力。

（5）资本项目政策方面

一国货币要成为国际货币不仅体现在贸易结算中，还体现在资金流动的便利性上，而资金流动的便利性与一国资本账户开放（可自由兑换）情况密切相关。因此，资本账户开放是实现人民币国际化的重要前提之一，提高资本账户可兑换性对于提升人民币的投资与储备资产职能显然是必要的。如果资本账户自由化不能够顺利推进，那么非居民就很难进入国内金融市场，境外的市场参与者或央行就不能够自由建立人民币账户进行投资（如买卖较高等级的股票和债券），反过来也就不能够在国内发行人民币债券和股票以平衡资产组合，人民

① 目前我国的外汇管理机关和央行所核准允许的境内商业银行所办理的汇率远期、掉期等保值性业务，只是面向我国的居民群体，而在非本国内居民持有的人民币头寸上，有效的汇率对冲工具则严重缺失。

币计价债券就会失去吸引力，人民币的持有意愿会下降。从现状来看，我国对资本账户的管制相对还是比较严格的，最明显的就是在岸金融部门与离岸市场的隔离，使投资资本只有通过获得授权的金融机构并得到相关机构批准之后才能够进入国内，从严格意义来讲，大部分资本项目交易下的人民币并不能自由兑换。

（6）传统国际货币的惯性使用和路径依赖方面

无论是从美元、欧元等主要国际货币的国际支付全球市场份额和排名来看，还是从外汇市场上美元的交易量以及全球各央行主要储备货币的结构来看，美元、欧元依然占据着全球两大霸主货币的地位。即使是在与我国贸易密切往来的东亚、中亚等地区和金砖国家区域，乃至由我国倡议提出、美国并未参与的“一带一路”国家区域，美元依然发挥着不可替代的国际货币职能。综观全球的外汇交易、衍生品交易、大宗商品交易，都是以美元计价结算为主，且存在多样化的以美元为标的的衍生品金融避险工具，极大地发挥了全球金融机构和机构投资者对美元的磁吸作用。从我国实际情况来看，外汇储备的构成中仍然存在大量的以美元计价的美债，在国际贸易结算和交易中仍然以美元计价结算为主，这使美元在全球贸易结算体系中仍然占据主要地位，在一定程度上将会阻碍我国人民币的国际化进程。

5.3 人民币国际化的“解”：央行的政策行为及效应分析

5.3.1 央行对人民币汇率定价机制的积极调整及效应分析

人民币汇率自2014年初开始到2018年8月之间出现了剧烈的波动，呈现出贬值—升值—加速贬值的走势。具体而言，2014年1月开启的人民币兑美元贬值通道，使人民币汇率从6.0406一路贬值到2016年12月的6.9666，尤其是2015年“811”汇改实施的“收盘价+一篮子货币汇率变化”的中间价报价机制，实际上是央行积极调整汇率报价机制，让汇率中间价在更大程度上由市场供求来决定，可视为央行对人民币国际化的推进之策，但汇率的市场化引发了人民币汇率较大幅度的波动。央行一方面充分发挥我国外汇储备的作用，维护在岸市场人民币汇率的稳定；另一方面加强对各种类型资本流出的真实性审核，审核范围从跨境借贷（国际收支表中的其他投资项）逐渐扩展至证券投资、直接投资、地下钱庄，从以外币计价的资本流出扩展至以人民币计价的资本流出，打击投资者做空离岸市场的行为①。从结果来看，央行双重政策举措取得了显著效果，有效打击了国际做空势力，人民币在岸与离岸汇率逐渐企稳，两地汇差也不断缩小。这些举措也带来了一些新的问题，使人民币国际化步伐有所放缓。

为了弱化美元汇率波动对 CFETS 货币篮子的影响，继而避免对人民币汇率波动产生剧烈冲击，央行在 2015 年末推出了中国外汇交易中心汇率指数（CFETS 汇率指数），2016 年 2 月，又发布一系列人民币有效汇率指数，明确“收盘价 + 一篮子货币”的中间价形成机制。2016 年末，CFETS 货币篮子的货币种类由 13 种扩充为 24 种，扩充后，美元在 CFETS 货币篮子中的占比由 26.4% 降低为 22.4%，同时将维持人民币兑 CFETS 篮子货币汇率基本不变的参考时间由过去 24 小时缩减为过去 15 小时。2017 年 5 月底，为了对冲国内外汇市场上非理性的“羊群行为”给收盘价造成的持续贬值压力，强化人民币兑美元汇率的双向波动以适度对冲市场情绪的顺周期特性，央行及时在原有报价机制中加入逆周期因子，新机制实施后，人民币兑美元双边汇率弹性进一步增强，双向浮动的特征更加显著，汇率预期趋于稳定。逆周期调节因子缓解了原有汇率机制存在的惯性问题，引入后人民币兑美元汇率单边贬值预期消散，双向波动特征明显，较好地保持了合理均衡水平上的基本稳定（丁志杰，2018）[138]。在 2017 年到 2018 年 4 月人民币由贬值进入升值的阶段（汇率从 6.9 左右上升到 6.2），央行顺势暂停逆周期调节，释放市场自发调节活力，发挥了央行在人民币汇率定价机制上对汇率调控的灵活性和主动性。

5.3.2 央行对人民币外汇业务的积极调整及效应分析

2017 年 9 月，担心人民币兑美元汇率上升过快可能影响出口增速以及重新

① 典型的如 2015 年 9 月 18 日央行严查人民币参加行购售业务的真实性，防范跨境套利，并对跨境人民币购售业务真实性存在问题的银行进行处罚；11 月 15 日，央行要求部分银行暂停向离岸参加行提供跨境融资；12 月 30 日，暂停个别外资行跨境及其参加行的境内外汇现货、远期业务等。

导致热钱流入，央行开始着手维持人民币兑美元汇率的重新稳定，宣布对境外人民币存款准备金不再进行“穿透式”管理，同时将外汇风险准备金率由之前的20%降为0。央行的此次政策调整中长期内将利好汇率市场化改革，对稳定预期具有积极作用，在一定程度上也有助于人民币国际化的长远发展。2018年4月以后，人民币汇率出现迅速贬值现象，连跌6周的在岸人民币兑美元汇率击穿6.9，距离破“7”仅一步之遥，创下13个月以来的新低，美元兑人民币汇率中间价以及美元兑人民币12个月远期汇率（离岸）均面临破“7”的重要心理关口①。面对这一情况，央行再度对外汇市场进行积极调整，宣布从2018年8月6日开始，将远期售汇业务的外汇风险准备金率从0调整为20%。

如何看待央行此次对远期售汇业务外汇风险准备金率的上调，首先需要厘清什么是远期售汇业务。远期售汇业务主要是指外汇指定银行与境内机构协商签订远期售汇合同，约定将来办理售汇的外汇币种、金额、汇率和期限，到期外汇支出发生时，按照该远期售汇合同载明的币种、金额和汇率办理售汇。很显然，此次央行提高远期售汇业务外汇风险准备金的目的是针对进口企业或者想要未来换取美元的企业。在操作上，央行上调的远期售汇业务风险准备金是对银行等金融机构进行收取，而并非直接针对企业收取，这将会影响到银行对企业售汇业务的价格制定，实际上相当于让银行为未来可能出现的风险计提准备金。央行采取透明、非歧视性的逆周期宏观审慎政策工具，通过市场化价格行为抑制企业远期售汇的顺周期行为，通过该政策行为的实施可以达到间接影响企业的购汇行为，继而抑制企业的短期售汇的目的。进一步地，该举措还有效抑制了外汇市场投机者的套利行为。投机者在外汇市场上通过与银行签订远期购汇合约，并在远期合约到期之前的这段时间内频繁在外汇市场上抛售人民币，购入外汇，严重干扰外汇市场的市场情绪，搅动外汇市场使之产生剧烈波动，导致人民币的加速贬值，继而在远期合约到期时将获取的美元按即期汇率兑换成人民币实现套利，赚取巨额差价。

显然，央行该政策的实施能够有效抑制外汇市场投机行为，并以此大幅度

① 从数据来看，2018年4月17日以来美元指数的上涨，创下11个月以来的新高，4月17日—6月20日，美元指数累计上涨6.55%。

提高投机者和银行的交易成本，缩小套利空间，更为显著的溢出效应是能够向市场传递一种信号，在面对外部不确定因素冲击引发外汇市场过度波动时，央行会积极采取政策举措维护外汇市场的稳定，确保人民币汇率不会出现大幅度波动，以防范宏观金融风险，促进外汇市场的稳定和金融机构的稳健运行。

5.4 人民币国际化改革的思考

人民币国际化是我国金融国际化的战略目标，如果没有人民币国际化，就无法完全启动我国金融的全面开放（吴晓求，2018）[139]。可以说，人民币国际化既是金融改革开放的逻辑起点，也是金融改革开放的最终归宿。但在实践中，人民币国际化并非一蹴而就，一定会遇到各种各样的困难，这对政策制定和调整提出了更高的要求。对此我们既要有充分的心理准备，提前做好预案，更要有足够的信心，从夯实国内经济发展基础、维护人民币汇率稳定、加快推进金融基础设施和金融市场建设、拓宽人民币在跨境支付结算与投融资中的使用率、提高人民币在国际货币储备中的占比等方面着手人民币国际化改革再启程策略。

5.4.1 深化供给侧结构性改革，提升经济高质量发展的内生动力

在当前人民币国际化面临预期转弱、需求收缩和供给冲击的经济下行压力下，我国需要在坚持质量第一、效益优先的原则下，进一步深化经济供给侧结构性改革，正确处理好去产能、调结构、促转型的关系，通过对市场的适度引导扭转人们对当前经济下行的预期，增强人们对经济增长的信心，为经济高质量发展奠定基础。具体操作上，应该充分发挥好财政政策和货币政策的合力作用，扭转国内投资乏力现象；借助金融科技、数字化赋能的创新驱动功效，不断挖掘经济增长的新内生动力；通过出台促进消费转型和升级的相关政策文件，引导和培植国内消费市场以对冲疫情、贸易保护主义抬头等内外部冲击可能带来的对出口的不利影响；通过金融供给侧结构性改革消除资本市场乱象，降低金融领域高杠杆现象，化解地方政府隐性债务问题，继而引导金融资源的合理优化配置，助力经济高质量发展，为推动人们持有人民币的信心和意愿，提升

人民币的使用率，为促进人民币国际化铺垫经济基础。

5.4.2 发挥政府多样化的货币政策工具，维护外汇市场的稳定

在规避人民币汇率过度波动、保持汇率在合理均衡水平上的稳定方面，央行需要采用多样化的货币政策工具和更多市场化手段，比如通过精细化的市场化管理将调控领域从离岸市场进一步扩大到在岸市场，通过抬高在岸市场短端利率进行在岸管理（王有鑫和谢峰，2018[140]），也可以通过正回购或其他公开市场操作等货币政策行为净回笼货币，收紧流动性抬高短端市场利率，实现离岸市场和在岸市场协调发展，以达到稳定汇率的作用。一般情况下不宜采取生硬的行政手段，但在必要之时也需要及时对外汇市场进行积极的政策调整，其目的是要让市场相信政府有能力维护人民币汇率的稳定，而不是人为地推动人民币升值或固定在某一水平。

5.4.3 加快推进人民币基础设施建设，提高人民币的使用率

完善的基础设施建设是实现人民币国际化不可或缺的重要推手，不仅可以实现人民币国际使用的便利性，也可以借助于系统实现对人民币使用情况的监测，防范人民币投机风险，维护我国金融市场的安全。抓紧完善和改进人民币跨境支付系统（CIPS）存在的不足，在二期投入使用的基础上，进一步打造跨境支付系统3.0，畅通货币政策传递渠道，实现清算、交易流程与国际惯例有效对接，以此提高人民币在跨境结算、投融资等方面的使用率。在实际使用过程中，应该致力于打破传统的以国有企业和出口贸易结算为主体的局限性，拓宽跨境交易主体，将跨境交易结算覆盖到大中小不同类型的企业，实现进出口贸易的双向结算，提高人民币跨境结算量，反过来以人民币跨境支付系统（CIPS）的高效运行监测跨境资本的流动，实现对人民币跨境流动的有效监管，维护外汇金融市场的稳定。

5.4.4 创造条件加快金融市场改革，丰富衍生类金融避险产品

创造条件加快推进金融市场改革的步伐，进一步发展外汇掉期、期货、期权、股票、股指、ETF 等避险类外汇衍生品交易工具，丰富多层次金融产品。

在实际操作中，央行不仅要主动去谋划金融市场衍生类金融避险产品和交易工具的开发，更要激发金融机构主动去设计和开发相关衍生类金融交易工具的内生动力，以此激活境内外市场主体参与交易的积极性，使离岸市场成为推动我国企业对外投融资、实现国际跨境投资需求、便利机构管理风险的重要场所（巴曙松和巴晴，2017）[141]，在此基础上将传统的“贸易结算 + 离岸市场”模式转变为“企业‘走出去’ + 人民币资本输出”双主线交替模式（陈四清，2014）[142]。提高金融市场运行效率，畅通人民币的输出、流通和回笼渠道，完善本币结算、货币兑换、离岸市场以及利率、汇率、准备金率等金融工具之间的有效配合，为境外投资者配置人民币资产、管理市场风险提供便利的渠道，以此推进开放、有竞争力的外汇市场建设。

5.4.5 立足资本账户开放，夯实人民币国际货币职能

资本账户开放是实现人民币国际化的重要前提，提高资本账户可兑换性对于提升人民币的投资与储备资产职能显然是必要的。基于我国的国情，在推进人民币国际化的过程中，我们可以在现有已经开放的资本账户基础上，先逐步放开人民币汇率波动幅度，然后平稳过渡到完全浮动，再有序实现人民币资本项目可兑换，而并非一定要求人民币资本账户的完全开放①，特别是在投机性强的市场领域，完全有必要保留适度的管制措施来予以控制，通过建立健全跨境资本流动“宏观审慎 + 微观监管”两位一体管理框架，严厉打击虚假欺骗性交易，这样既可以减轻短期资本流动对汇率的冲击，又可以让境内企业和居民逐渐提高对人民币汇率波动的容忍度。从长远角度看，更容易引导境外企业使用人民币进行计价结算，使境外机构投资者将人民币资产纳入投资组合（而非投机），推动各国央行将人民币作为重要的储备资产来持有，夯实人民币国际货币职能。

5.4.6 以人民币区域化为重点，谋划人民币在全球范围内的国际化

人民币国际化路径显然不同于美元国际化，人民币国际化应该以区域化为

① 即使是像美元、欧元等国际货币，也仍然存在着对资本账户下的关键子项目实施不同程度的管制，这是维护本国金融安全稳定的必要措施。

重点，通过离岸、在岸两个市场的相互联动作用扩大跨境人民币使用主体范围，扩充境外人民币计价结算流量和存量，增强人民币对境外企业、机构和央行的吸引力，减少其对美元、欧元等传统国际货币的使用惯性和路径依赖，继而实现人民币国际化。具体而言，首先是要实现人民币在亚洲的区域化，其次是巩固人民币在与我国经贸关系密切的前十大贸易伙伴内的区域化，最后依托由我国主导并发起的金砖国家银行等国际金融机构深化人民币在金砖国家区域的国际化，充分发挥亚洲基础设施投资银行的多边性开发金融机构的作用，通过为“一带一路”沿线国家提供融资和直接投资基础设施建设项目等形式激发境外实体经济对人民币的需求，有效推进“一带一路”沿线国家的贸易和投融资以人民币作为跨境结算货币，拓宽人民币在“一带一路”沿线国家的国际化（严佳佳和辛文婷，2017）[123]，在此基础上，谋划人民币在南美和非洲等其他区域的国际化，最终实现人民币在全球范围内的国际化。

除此之外，还需要加强与美国等发达国家中央银行的信息交流和政策沟通，这样可以在一定程度上减轻其他国家政策溢出效应带来的负面影响和不确定性，形成积极的政策协调，保障国内宏观政策实现预期效果，以便为人民币国际化创造良好的外部环境。

6 汇率波动对我国利率政策的溢出效应

本章在传统利率平价理论的基础上，放松了不存在交易成本的理想假设，对传统利率平价理论进行了适度的修正和拓展，并基于汇改后两个阶段的样本数据对修正后的利率平价理论是否成立进行了实证检验，基于汇率视角探讨汇率波动对我国央行利率政策的溢出效应，且进一步探析了中美利率和汇率的动态影响效应。研究认为，随着汇改后汇率市场化进程的推进，放松交易成本假设下的修正利率平价理论成立；交易成本的增加能够显著引起汇率变动幅度的减小，其原因在于交易成本的增加引起资本流动的减少，使人们对预期汇率变化的判断不足，导致预期汇率波动幅度的相应缩小；利率与汇率之间确实存在较为明显的传导机制，主要通过利率（或汇率）的变动影响经常项目变动、资本项目变动和本外币资产转换的中介传导作用机制所引起的一系列效应进行传递。要充分发挥利率平价方程式给予我国宏观经济政策的实践指导，实现宏观经济的内外部均衡，充分发挥货币政策与汇率政策的有效性，需要我们寻求一种能够实现利率—汇率联动的协调机制。

6.1 引言及文献述评

传统利率平价理论是国际金融学的基本理论之一，其平价方程式所包含的利率和汇率，作为政府当局调控宏观经济的两个有力工具和中央银行货币政策的主要手段，在运用和传导过程中具有较强的联动制约关系。在开放经济条件下，两者相互影响、相互制约，对经济的内外均衡产生了重要影响。而且不可否认的是，尽管该简约型平价方程式形式简单，但在一定程度上却反映了国际资本高度流动下汇率决定的影响因素及外汇市场上汇率波动的特点，对一国宏观经济政策的制定具有重要的指导意义，受到各国政府及其智囊团体和相关学术界的广泛关注。然而，随着经济全球化速度的加快，投资（机）者所持有的资产组合的调整和变化引起国与国之间资本流动的加剧，受资本流动交易成本以及各国利率变动、汇率波动的影响，传统利率平价理论对现今现实宏观利率政策的指导实践似乎并未取得很好的效果，由此引发了世人对传统利率平价理论的质疑，也出现了很多学者对传统利率平价理论进行修正和拓展，其目的是期望能够通过适度的修正和拓展，较为全面地考虑到可能影响利率、汇率之间动态变化的影响因素，刻画利率、汇率之间的动态影响效应，并寻求能够给予一国宏观经济利率调控政策进行指导的平价方程式。

事实上，自 20 世纪 50 年代开始，很多西方学者就在传统利率平价理论的基础上，联系变化了的国际金融市场新格局，对远期汇率决定做了更加系统的研究，并对利率平价理论进行了新的补充和完善，形成了现代利率平价理论，包括抛补利率平价理论和非抛补利率平价理论。较为典型的如 Aliber（1973）[143]对利率平价理论进行了重新解读，其研究认为，大多数学者没有解释以套利为目的而未被利用的获益机会以及预期角度的利率平价的重要性，并提出了三个解释因素：交易成本、违约风险以及非货币收益、违约风险、非统一的相关收益等因素的组合。Frankel（1979，1985）[144][145]则从黏性价格货币模型中构建了一个实际利率差的实证模型，并检验了 1980—1985 年美元实际汇率的上升是由于美元长期期望汇率的调整，还是由于美国和七国集团与其他国家间的加权实际利率差增大。其研究认为，在大多数情况下，美元的升值是由于实际利率差上升引起的。

进入 21 世纪，对于修正和拓展了的利率平价理论的研究更是层出不穷，而且大量文献从实证的角度对此进行了不同的检验。许多经济学家的研究表明利率平价理论在长期内成立，而在短期内不显著。Flood 和 Rose（2002）[146]采用 23 个国家的样本数据对 20 世纪 90 年代金融危机前后的非抛补利率平价进行了研究，认为非抛补利率平价在金融危机时期比金融稳定时期表现得更为显著。Chinn 和 Meredith（2004）[147]通过实证研究的方式发现非抛补利率平价长期内在七国集团国家中成立，但在短期内却不成立。Mark 和 MOH（2005）[148]运用非线性可调整动态模型通过研究美元利率和美元对其他国家货币的汇率之间的关系，验证了利率和汇率之间在较长区间内的联动关系大于短期区间；Kim (2006)[149]对价格指数进行了区分，分别构建了贸易品价格、非贸易品价格和总体价格的实际利率，通过单位根检验方法来观察国家间实际利率差的平稳性，并得出了不同价格指数对实际利率平价假说的检验结果会产生显著的影响作用的结论。

国内学者，对利率平价模型的拓展也做了一些有益的探索，但较之国外，却略显不足。较为典型的如张萍（1996）[150]较早地把交易成本引入利率平价模型中，提出了修正的利率平价模型，但并没有在公式的数学表述上进行推导。易纲和范敏（1997）[151]提出，汇率变动应该等于利率差加上一个由体制等原因决定的摩擦系数，而随着我国开放度和利率市场化程度的提高，摩擦系数会逐步缩小，利率平价的预测力会越来越强，遗憾的是该文没有把摩擦系数与纯经济意义上的交易成本区分开。钟云波（2000）[152]则利用利率平价理论和汇率超调学说以及参考换汇成本学说，对改革开放以来人民币汇率波动及其与利率的关系进行了实证检验，针对利率平价在中国的适用程度的差异，将交易成本和资本管制等因素考虑进去，修正了利率平价模型，建立了人民币汇率调整的模型，更好地解释了这一阶段人民币汇率、利率与资本流动之间的关系。后续的研究则围绕交易成本和摩擦系数展开了深入探讨，薛宏立（2002）[153]将制度摩擦系数和交易成本引入利率平价模型，研究认为，随着经济体制改革的深化和国内金融市场对外开放程度的提高，制度摩擦系数将趋近于零，交易成本将会有逐渐下降的趋势①，而此时的利率平价理论将是远期外汇市场上汇率定价和汇率预测的最好工具。类似地，荀玉根（2008）[154]通过分别引入交易成本、制度摩擦系数和同时引入交易成本与制度摩擦系数对传统利率平价理论进行了拓展，研究认为随着国际经济一体化进程的加快和我国金融市场的开放，交易成本和制度摩擦系数会逐步缩小，利率平价对利率和汇率联动机制的解释力将越来越强。刘威和吴宏（2010）[155]则对中美两国利率与汇率的相互影响效应进行了实证评估，该研究认为利率是美元兑人民币汇率和美国国内利率变化的格兰杰原因，但我国利率政策变动对美元兑人民币汇率和美国利率政策的影响仍然较小；

① 因为任何能够有效地提高国内金融市场开放度的措施都将缩小中性区间的宽度。

而美国利率政策变动对美元兑人民币汇率和我国利率政策变动的影响相对较大。范立夫（2011）[156]摒弃了传统利差套利模式，引入资产价格套利模式对利率平价模型进行修正，建立了资产加权收益率平价模型，并进一步用数值模拟方法对该模型进行了检验，提出了我国利率与汇率相互配合协调的建议。

国内外相当一部分学者已经意识到并对传统利率平价理论进行了适度拓展和修正，且进一步据此提出了相应的利率调控政策，对一国宏观经济政策的实施提供了相应的指导。同时，这些研究还存在一些较为明显的不足。

其一，理论模型方面，现有文献主要是基于四个严格假设条件成立的传统利率平价理论为基础进行拓展，而这些严格假设与现实中的情况完全脱节，因此，基于该严格假设基础上进行的拓展，显然不具有可信性。

其二，实证研究方面，现有文献主要是基于传统利率平价理论为基础展开实证研究，即使存在部分拓展和修正了的利率平价理论，如范立夫（2011）[156]等，也只是从数值模拟的角度进行了研究①，所得出的结论缺乏实际指导意义。

其三，现有研究未能系统地针对利率—汇率之间的动态传导机制进行深入剖析，尤其是未能较为精细地刻画利率—汇率联动传导机制的途径和效应，这对于政策当局进行适宜的汇率制度改革和实施稳健的利率政策（货币政策）缺乏相应的理论和实践指导作用。

据此，本章的目的在于以传统利率平价理论为基础，适当放松与现实情况较为脱离的严格假设，基于汇率视角，对传统利率平价理论进行适度的修正和拓展，以构建更符合现实情况的利率平价方程式，并在此基础上寻求能够较为近似地刻画资本流动成本的变量，对拓展的利率平价理论进行实证检验，最终较为精细地探究我国利率、汇率及资本流动成本之间的动态关系，深入剖析利率—汇率动态传导机制和效应，为调节和制定科学、合理的宏观货币政策和汇率政策提供相应的决策参考。

本章旨在做到以下几点：（1）摒弃传统利率平价理论成立的严格假设，放松了现实中显然并不严格成立的交易成本为零的假设，据此拓展和修正了传统

---

① 可能的原因在于，一些变量（或因素）在理论上可能较为容易得到理解，如资本流动成本，而现实中却很难寻求能够刻画这些变量的指标。

利率平价理论，构建了较为符合现实情况的非抛补利率平价方程式，为其他基于传统利率平价理论严格假设基础上进行拓展的相关研究提出新的更为严谨的思考途径；（2）在该基础上，从理论上推导出利率平价理论成立的中性区域带，刻画出资本流动的临界线，为一国调整利率政策和规避资本急剧流动套利提供具有重要价值的参考；（3）进一步基于构建的利率平价理论，结合现实背景，较为近似地选取外商直接投资总额，根据利润率与投资额之间的数据采用成本加成定价的方式刻画资本流动成本，在拓展的利率平价理论成立的中性区域带内，全面剖析利率、汇率及资本流动成本之间的动态影响关系，进一步深入探讨利率—汇率联动传导机制的途径和效应，为制定货币政策、协调利率—汇率联动的宏观经济调控起到一定的指导和参考作用。

6.2 拓展的非抛补利率平价理论模型构建

经典利率平价模型是基于四个基本假设条件设定的。其假定分别为：（1）资本具有充分的国际流动性；（2）外汇市场有效；（3）投资者风险中性；（4）不存在交易成本。在这些严格的假设条件下，套利行为可以保证一价定律适用于国际金融市场。

假定有两个国家 A 和 B，在两国金融市场上的一年期存款利率分别为 i 和 i^*。且 A、B 两国货币间即期汇率为 E（直接标价法），一年后的即期汇率为 E_f（具有不确定性），为了消除这种不确定性，我们同时考虑在即期购买一年后交割的远期合约，假定外汇期货市场上一年后的远期汇率为 F。最初 A 国投资者在金融市场上投资 1 单位 A 国货币，则得到投资者在 A、B 两国间套利投资的均衡条件为：

$$\rho = \frac{F - E}{E} = \frac{i - i^*}{1 + i^*} \tag{6-1}$$

也即：

$$\rho + \rho i^* = i - i^* \tag{6-2}$$

其中，ρ 为即期汇率与远期汇率之间的升（贴）水率。

鉴于 ρ 和 i^* 都是很小的数值，乘积可以忽略不计，因此得到：

$$\rho = i - i^* \tag{6-3}$$

即为经典抛补利率平价模型。

然而，在不进行远期交易时，投资者往往是通过对未来汇率的预期来计算投资活动的收益，显然，如果投资者预期一年后汇率为 $E(E_f)$，则在 B 国金融市场投资活动的最终收入为：

$$\frac{E(E_f)}{E}(1 + i^*) \tag{6-4}$$

该收入与在本国金融市场上的收入不相等，则会进行资本流动。最终，得到均衡条件为：

$$\frac{E(E_f)}{E}(1 + i^*) = 1 + i \tag{6-5}$$

整理得到：

$$E(\rho) = i - i^* \tag{6-6}$$

$E(\rho)$ 为预期的未来汇率变动率。式（6－6）为在上述严格假设下的非抛补经典利率平价模型。然而，上述假设过于理想化，因此我们对经典利率平价模型中交易成本为零的假设进行放松，假设一笔抵补的套利资金从本国市场流向外国市场，资本量为 K，资本使用成本为 i，则这笔资本外流的机会成本 $Cost$（在本国的收益）为：

$$Cost = (1 + i)K \tag{6-7}$$

该资本在国外的收益为：

$$R = \theta(1 + i^*)K\frac{E_f}{E} \tag{6-8}$$

其中，$\theta = (1 - t_1)(1 - t_2)(1 - t_3)(1 - t_4)$ ①，表示交易成本系数，也称之为交易成本效率。比较国内外的收益，经过计算可以得到资本流动的下限为：

$$P^D = \Delta E_f = \frac{(1 + i) - \theta(1 + i^*)}{\theta(1 + i^*)} \tag{6-9}$$

① 一笔完整的套利交易活动由 4 次交易构成，t_n（$n=1, 2, 3, 4$）表示每次交易的交易成本数额占交易量的百分数。t_1 表示卖出本国有价证券交易成本百分数，t_2 表示购买即期外汇的交易成本百分数，t_3 表示购买外国有价证券的交易成本百分数，t_4 表示卖出远期外汇的交易成本百分数。

同样可以得到资本流动上限为：

$$P^U = \Delta E_f = \frac{\theta(1+i)-(1+i^*)}{1+i^*} \tag{6-10}$$

由于引入了交易成本，原来的利率平价线（IRP）由原来的平价线变成了一个利率平价中性区域，如图6-1所示。

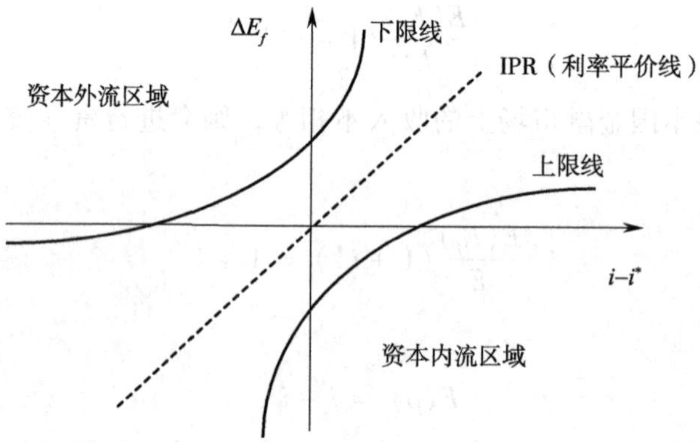

图6-1　利率平价中性区域

由图6-1可知，交易成本越大（θ越小），中性区域就越宽。如果考虑两条资本流入、流出的边界，近似可以得到资本流入边界和流出边界。

资本流入边界为：

$$\Delta E_f + Cost_2 = i - i^* \tag{6-11}$$

资本流出边界为：

$$\Delta E_f - Cost_1 = i - i^* \tag{6-12}$$

$Cost_1$为资本流出的交易成本，$Cost_2$为资本流入的交易成本，两者可以近似地看成交易过程中成本的总和。

由此可知，当$i-i^* < \Delta E_f - Cost_1$时，资本将外流，落入外流区域；当$i-i^* > \Delta E_f + Cost_2$时，资本将内流，落入内流区域；当$\Delta E_f - Cost_1 < i-i^* < \Delta E_f + Cost_2$时，落入利率平价中性区域。

由理论分析可知，需要检验的理论模型落入利率平价中性区域时，利率平价定律成立。因此，建立理论模型为：

$$\Delta E_f = c + \alpha Cost + \beta i + \gamma i^* \tag{6-13}$$

其中，ΔE_f 为预期汇率变动率（直接标价法），$Cost$ 为资本流动交易成本，i,i^* 分别为国内利率和国外利率。

6.3 基于拓展的非抛补利率平价模型的实证研究

6.3.1 变量的选取及处理

本章进行实证研究的样本期从2005年7月历史性汇改时刻开始①，且分为两个阶段，分别为汇改后的2005年8月到2008年8月，以及2008年9月到2011年12月②。实证研究所使用变量的数据来源及处理如下。

预期汇率变动率（ΔE_f）：汇率指标选取人民币对美元汇率（均值），以未来4个月人民币对美元名义汇率的均值作为投资者对汇率的预期，再进行差分，得到预期汇率变动率。

资本流动交易成本（$Cost$）：实际中，资本流动成本很难进行直接的测度，为近似表示资本流动成本，我们将资本流动看作国外在国内的投资额的固定函数，采用类似于成本加成定价的方式，将资本流动额与投资利润率相乘来近似反映资本流动成本，并进行取对数处理。国外在国内的投资额以外商直接投资数据进行衡量。原始数据来自中经网统计数据库。投资利润率采用外商直接投资对华投资的平均收益率，鉴于大量学者对于外商直接投资对华投资收益率的估算

---

① 截至2005年7月汇改前，我国汇率变化都呈现实质意义上的固定汇率制度，而利率完全受央行管制，利率与汇率之间的联动效应并未凸显，在这样的阶段下，扩展的利率平价理论显然不可能成立，因而也就无法构建利率平价方程式来反映利率与汇率之间的关系。随着2005年7月开始的汇率制度改革和我国利率市场化进程的逐步推进，利率平价理论的解释和预测能力进一步加强，尤其是随着我国人民币可自由兑换的推进和资本流动管制的进一步放开使得金融自由化程度加速，修正的利率平价理论才具有成立的可能性，并能以该修正的利率平价理论成立为基础测度汇率与利率、资本流动交易成本等变量之间的动态变化关系，本章的实证研究才具有实质性意义。因此，本章实证研究的样本期选取汇率制度改革后。

② 本章实证研究的样本期以2008年8月为界分成两个阶段，主要是由于2008年国际金融危机的影响，使得在2008年9月及其后续的相当长一段样本期内人民币对美元汇率表现为“软盯住”状态（人民币对美元汇率变动较小），直至2010年6月二次汇改的重启，人民币兑美元汇率再次步入小幅升值通道。为避免这种“软盯住”状态对实证结果的影响，将样本期分为两个阶段进行研究。

存在一定的差异①，此处采用被各国普遍采纳的世界银行估计的收益率作为外商直接投资对华平均利润率，为17%，据此测算出外商直接投资的流动成本，近似代替资本流动的交易成本。

国内利率（i）：考虑到我国利率未完全市场化的现状，利率变量采用一年期定期存款利率，数据来自中国人民银行网站。当央行进行利率调整时，根据当月调整前后利率实际执行天数作为权重进行加权，计算出该月利率变量近似值，并对其进行取对数。

国外利率（i^*）：国外利率采用美国联邦基金利率，反映美联储货币政策的变化，数据来自美联储统计数据。同样地，为避免异方差，对其进行取对数处理。

6.3.2 拓展的利率平价理论协整检验及方程估计

在进行协整检验前，首先对各变量进行单位根检验，以便选取合适的协整检验方法，检验结果如表6-1所示。

表6-1 ADF单位根检验结果

样本期	2005年8月至2008年8月			2008年9月至2011年12月		
变量	检验类型（C，T，L）	ADF统计量值	结论	检验类型（C，T，L）	ADF统计量值	结论
ΔE_f	（C，0，2）	-2.17	不平稳	（0，0，3）	-4.74***	平稳
$\Delta\Delta E_f$	（0，0，1）	-2.28**	平稳	—	—	—
Cost	（C，0，0）	-2.97**	平稳	（C，T，3）	-3.8***	平稳
i	（C，T，1）	-2.17	不平稳	（C，0，3）	0.06	不平稳
Δi	（0，0，0）	-2.59**	平稳	（0，0，2）	-8.67***	平稳
i^*	（C，T，1）	-1.31	不平稳	（C，T，0）	-5.01***	平稳
Δi^*	（0，0，0）	-2.45**	平稳	—	—	—

注：***表示在1%显著性水平上显著，**表示在5%显著性水平上显著。

① 大量研究表明流入中国的外商直接投资收益率至少在10%以上，也有部分学者如建设银行研究部高级经理赵庆明估算认为，外国直接投资在我国的收益即使保守估计也在20%以上。而根据世界银行的估计，流入发展中国家的外国直接投资所获得的平均利润率为16%~18%，因此，我们采用世界银行估计的平均值作为外商直接投资在我国的平均投资收益率。

由表6－1的单位根检验结果可知，在2005年8月至2008年8月的样本期内，资本流动成本变量为平稳过程，不存在单位根，而预期汇率变动率、国内外利率变量均存在单位根，而在2008年9月至2011年12月的样本期内，国内利率变量存在单位根，预期汇率变动率、资本流动成本和国外利率变量却是平稳过程。因此，无论是哪一个样本期内，基于传统的同阶单整为前提的E－G两步法和Johansen协整检验方法失效。而鉴于Pesaran等（2001）[157]提出的边限检验（Bounds Testing）能够有效解决非同阶单整下的协整检验。据此，我们采用该方法对上述拓展的利率平价理论模型进行协整检验，探究修正和拓展后的利率平价方程是否成立？如果成立，各变量之间的关系又是如何？

通过Microfit 4.0软件对拓展的利率平价理论模型进行协整检验，得到结果如表6－2所示①。

表6－2　　Pesaran边限协整检验的F统计量值

样本期	F统计量值滞后阶数					最优阶
	1	2	3	4	5	
2005－08—2008－08	6.1490	6.2272	6.1566	2.7019	6.9316***	5
2008－09—2011－12	2.4643	2.1156	5.6871	3.0175	4.4273**	5

注：***表示1%水平存在协整，**表示5%水平存在协整。自变量个数$k=3$，Pesaran检验的F统计量在5%的上临界值为4.35，下临界值为3.23。1%上临界值为5.61，下临界值为4.29。

由表6－2可知，在两个样本期内，放松交易成本为零的假设下的非抛补利率平价方程协整关系成立，也就意味着两个样本期内放松交易成本为零的假设下的扩展利率平价定理成立。这说明了一方面，自2005年7月汇改以来，人民币对美元汇率的变动更能够反映出真实的汇率市场运行状况；另一方面，随着我国利率市场化进程的推进，汇率市场与货币市场（利率市场）之间的联动效应变得更为紧密。

进一步地，由Microfit 4.1软件计算可以得到样本期2005年8月至2008年8

① 最优滞后阶数根据AIC信息准则确定，并对最优滞后阶数估计进行了LM检验，得到两个样本期内LM统计量的相伴概率分别为0.257和0.436，说明在两个样本期内该最优阶估计下的边限协整检验均不存在序列相关，检验结果具有很强的可靠性。

月内时选择了 ARDL（4，5，5，2）[①]。在样本期 2008 年 9 月至 2011 年 12 月内时选择了 ARDL（4，4，0，5）[②]，并在此基础上分别在两个样本期内估计得到放松交易成本为零的假设下的拓展利率平价方程中利率、汇率之间的长期协整关系参数估计值（见表 6-3）。

表 6-3　　长期协整关系参数估计值

样本期	因变量	自变量			
		Cost	i	i^*	C
2005-08—2008-08	ΔE_f	-0.257 (-5.18***)	-0.045 (-4.79***)	-0.359 (-8.42***)	0.166 (11.75***)
2008-09—2011-12	ΔE_f	-0.602 (-3.77***)	0.679 (4.15***)	0.250 (3.86***)	2.396 (3.9***)

注：*** 表示在 1% 水平上显著。括号内为对应系数的 t 统计量值。

由表 6-3 估计结果可知，在两个样本期内，资本流动成本变量、国内外利率变量均对预期汇率变动率产生了显著的影响，而且资本流动成本的增加（即交易成本增加）能够引起汇率变动幅度的减小，其原因可能是在于交易成本的增加，引起资本流动的减少，进而引起人们对预期汇率变化的判断不足，最终导致预期汇率波动幅度的相应缩小。与此同时，在样本期 2005 年 8 月至 2008 年 8 月内，国内利率水平的提高和美国利率水平的提高同样引起了预期汇率变动幅度的减少，究其原因，可能是由于人民币汇率在这一样本期内经历了较大幅度的波动[③]，正是由于此时汇率波动幅度已处于较大波动时段内，使人们对中美两国利率的变动不足以判断未来汇率能够产生更剧烈波动的预期，进而使预期汇

① AIC 和 SBC 信息准则同时选择了 ARDL（4，5，5，2）为最优估计，再次验证了估计结果的稳健性。鉴于此处的目的是探究放松交易成本为零的假设下的利率平价方程是否成立，以及由此建立的利率、汇率之间的长期影响关系，而并非探讨利率、汇率之间的短期影响关系，同时又考虑到篇幅的缘故，故在此并不直接给出 ARDL 估计结果，下同。若读者感兴趣，可向作者索要。

② 其实，根据 SBC 信息准则选择了 ARDL（4，0，0，1），但此处选择 ARDL（4，4，0，5）的原因在于以下两个方面：其一是鉴于根据 AIC 信息准则得到的标准误差相对于 SBC 信息准则得到的更小，其二是两种信息准则得到的 ARDL 模型估计下得到的长期协整方程参数估计系数几乎一样，偏差低于 2%，对于此处的研究不会产生影响。因此，我们选择了 AIC 信息准则下的 ARDL（4，4，0，5）。

③ 据相关数据统计，自 2005 年 7 月汇率制度改革到 2008 年，人民币对美元汇率升值幅度高达 21%。

率变动幅度处于较小范围内。与之相反的是，在样本期2008年9月至2011年12月内，由于人民币对美元汇率表现为“软盯住”状态（人民币对美元汇率变动较小），使得人们对汇率波动的预期加大，进而出现中美利率的微小变动便足以引起预期汇率变动幅度的加大，这也得到了实证结果的印证，即中美利率的提高能够促使预期汇率变动幅度的加大。

6.4 利率—汇率联动传导机制途径和效应分析

至此，我们已在理论和实证上验证了修正的利率平价理论的成立，并进一步探明了利率、汇率之间的动态影响效应，接下来，我们将进一步探析利率—汇率之间的联动传导机制途径和效应。理论上而言，利率—汇率传导机制可以通过利率（或汇率）的变动影响经常项目变动、资本项目变动和本外币资产转换的中介传导作用机制所引起的一系列效应进行传递。

6.4.1 经常项目变动机制

利率变动一般通过投资和消费两个途径影响一国汇率的变化。投资途径方面，利率的变化会影响投资成本，而投资成本的变化又会影响企业生产成本的变化，进而影响该国产品的相对竞争力的变化，由此改变一国经常项目收支的变动而引起汇率的变动。消费途径方面，当利率变化时，首先影响居民消费需求的变化，由此同样会改变经常项目的收支情况，进而影响到外汇市场的供需平衡，造成汇率变动。反过来，汇率变动又会引起一国进出口商品的本币价格变化，影响到经常项目收支的变动，由此引起的一系列“攀比效应”和“成本效应”，导致一国国内物价水平的变化，引发国内货币市场的供需变化，进而引起实际利率变动。

6.4.2 资本项目变动机制

在现阶段各国之间套利资本自由流动的背景下，利率变动往往会影响国际套利资本（投机热钱）的流动而产生套利行为，进而通过套利效应影响到一国的汇率水平。反过来，汇率对利率的作用则更多地表现为预期效应，例如，一国货币汇率贬值往往会导致汇率进一步贬值的心理预期，引起短期资本外逃，国内货币供给减少而导致利率上升。因此，利率和汇率之间通过套利效应和预期效应在资本项目机制下互相传导。

6.4.3 本外币资产转换机制

利率的变动会通过货币替代效应和预期效应影响汇率的变动。一国利率的变动意味着本币资产相对外币资产收益率的变动，本币利率上升，则本币收益率随之上升，居民将会把外币资产转换为本币资产以期获取更高收益，通过这种货币替代效应就会致使本国外汇市场上外汇供大于求，导致本币贬值。与此同时，一国货币贬值往往会激发进一步贬值的预期效应，进而使本国居民大量卖出本币资产，导致本币资产价格下跌，收益率上升，即利率上升。

利率和汇率之间的三种联动传导机制（经常项目变动机制、资本项目变动机制和本外币资产转换机制）及其效应，可以简化为图6-2。

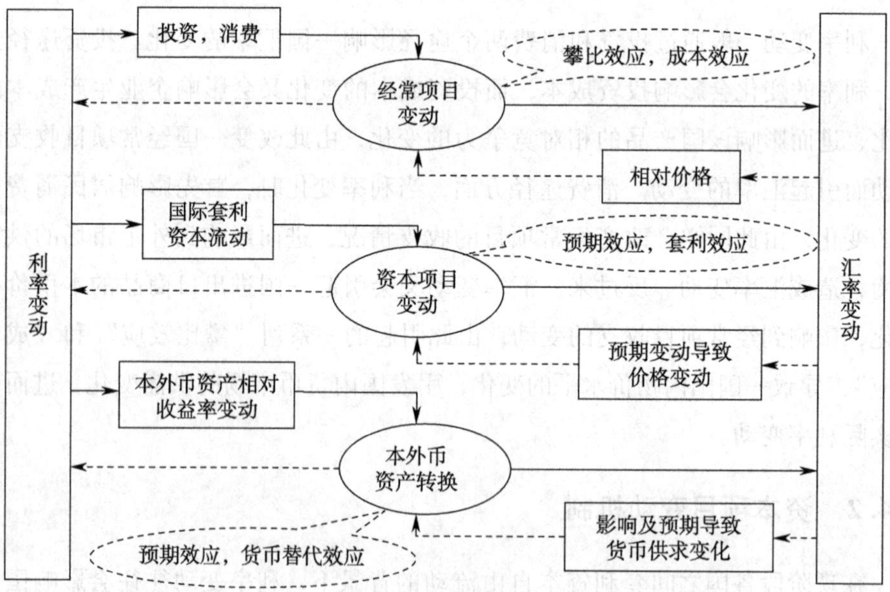

图6-2 利率—汇率联动传导机制

6.5　本章小结

本章通过对修正了的拓展利率平价理论的理论与实证研究发现，在经济全球化背景下，放松交易成本假设下的修正利率平价理论显然成立，而且利率与汇率之间确实存在可以通过经常项目变动、资本项目变动和本外币资产转换的中介作用机制所引起的一系列效应进行传递，而要充分发挥利率平价方程式给予我国宏观经济政策的实践指导，实现宏观经济的内外部均衡，充分发挥货币政策与汇率政策的有效性，我们必须寻求一种能够实现利率—汇率联动的协调机制。

据此，我们必须在坚持利率与汇率政策独立性的前提下推进利率市场化与人民币汇率形成机制改革相配合的政策举措，加强国际间政策协调，避免国际间政策的溢出效应，真正实现利率与汇率的联动协调发展。

第一，切实推进利率市场化与汇率形成机制改革相配合的政策举措。

资本流动成本增加导致汇率波动幅度减小启示我们，在降低全球性资本流动成本，减少交易成本的同时，需要切实做好汇率形成机制改革与利率市场化相配合的政策机制，规避一国汇率过大幅度的波动对本国宏观经济的影响。从长期看，加强利率和汇率政策相协调的根本出路在于加快利率、汇率市场化进程，实现各类市场的良好衔接，给国际资本提供一个和谐的环境，让国际游资，尤其是国际投机资本（热钱）的行踪更加透明。尽管随着 2005 年 7 月汇率制度改革的实施，我国汇率市场化已经迈出了很大的一步，但汇率波动幅度仍然受到限制，利率市场化进程依然较慢。因此，亟须厘清利率市场化与汇率市场化的内在逻辑关系，并寻求能够使利率市场化和汇率形成机制改革相配合的政策途径和机制。

第二，切实加强各国国内政策的协调一致和国际间的共同合作。

根据修正的利率平价理论及汇率与利率之间的动态传导机制和途径可知，汇率波动和偏离同各国货币市场上的利率密切相关，而利率的变化同样对一国汇率波动具有显著的传导作用，两者通过国际外汇市场和国内货币市场相互影响，相互传导。因此，各国政策当局需要切实加强各国国内政策的协调一致和国际间的共同合作。一方面，如果各国央行能够通过公开市场操作或相互协调利率政策，减少外汇投机，规避投机资本在国际间游荡而形成的高收益，就有可能使外汇市场上的汇率接近于均衡水平。另一方面，更重要的是，如果各国要谋求汇率的相对稳定，各国政策当局和央行应遵循统一的国际货币规则，加强各国政策协调配合，以避免各国间政策的溢出效应。

7　汇率视角下我国货币政策操作对美国的逆向溢出效应

国际货币政策的溢出及全球协调与治理已成为后危机时代各国政府共同关注的重要议题。本章基于汇率渠道的非线性视角，采用事件分析方法对中美货币政策逆向溢出效应的存在性及其具体作用机制进行了实证研究。研究认为，中美货币政策逆向溢出效应存在非线性结构突变现象而呈现异质性。结构突变前，中国仅仅扮演了美国货币政策的“被动接受者”角色，而结构突变后，中国已不再只是美国货币政策的“被动接受者”，反而在一定程度上具备了主动制衡和反击美国货币政策的能力。这就决定了中美两国在进行货币政策操作时需要更多地进行沟通与合作，做好货币政策之间的协调，以规避两国货币政策博弈产生的全球负外部溢出效应，共同发挥货币政策国际协调与全球治理的典范作用。

7.1　研究背景

2016 年底，有关美联储加息的呼声已经很大，但美联储是否加息的决议却一直未能落地，犹如悬在各国政府（央行）头上的达摩克利斯之剑，始终牵动着整个外汇市场的情绪，成为各国政府和央行最为关注的事件之一。其根源在于，美联储货币政策对全球各国央行货币政策的独立性和自主性，乃至整个宏观经济的稳定具有强烈的外溢效应，这已被诸多文献从理论上所证实（Wongswan，2005[158]；Bauer 和 Neely，2013[159]），同时也被现实中的实践所佐证。随着 2013 年美联储退出量化宽松政策和加息预期的升温，以及 2015 年 12 月美联储正式重启自 2006 年 6 月以来的加息政策，新兴市场国家和产油国货币先后上演了“比惨”竞赛。2013 年的印度卢比和 2014 年底的俄罗斯卢布先后出现贬值危机，2015 年哈萨克斯坦坚戈、人民币、阿根廷比索以及委内瑞拉玻利瓦尔和埃及镑等，都不约而同地遭遇了大幅贬值的命运。所以，正如 Kim（2001）[11]所指出，在如今以开放经济为典型特征的国际大环境下，发达国家货币政策的变化相较于其他国家所产生的外溢效应会更剧烈，其国际之间的传递效应也更为显著，需要引起各国央行足够的关注与重视。

此外，大量研究还对美国货币政策对其他国家产生溢出效应的传递机制（渠道）进行了研究，认为这种货币政策冲击会通过利率、汇率、国际资本流动、商品价格和贸易等众多渠道（Neri 和 Nobili，2010[14]；Schneider 和 Fenz，2011[160]）对他国的利率、汇率、产出、通胀、贸易和资产价格等诸多变量产生溢出影响。然而，也有诸多学者（Kim 和 Nguyen，2009[8]；刘少云，2016[161]；陈燕和邹力宏，2016[162]）指出，美联储凭借美元的霸主地位充分享受货币政策的独立性和自主性，但只维护了美国自身的利益却很少承担大国应有的责任，其在制定货币政策时往往只顾及自身利益而忽视对其他国家产生的负向的外溢效应。近年来，为应对金融危机及在后危机时代复苏本国经济，美联储频繁调整货币政策，如加息、降息以及货币政策操作工具的变动，又如，2008 年国际金融危机后从以利率为主的价格型货币政策向非常规量化宽松货币政策转变等。

显然，作为开放经济体内新兴市场国家重要一员，中国不仅遭受着美国货币政策频繁变动带来的负向外溢效应，同时也面临除美国以外的其他发达国家央行货币政策“大放水”的冲击。大量研究也表明，作为世界货币大国，美国通过美元的发放与回收以及对美元在世界范围内布局的调整，使美国的货币政策冲击具有全球性，并对世界各国的利率、汇率和资产价格产生溢出影响（Rosa，2011[1]；王艳和张鹏，2012[17]；龚秀国，2013[163]；黄宪和杨子荣，2016[2]），使各国央行在制定货币政策时除考虑本国宏观经济调控之需外，还必须考虑美国货币政策的外溢作用（谢怀筑和于李娜，2011）[164]。Hausman 和 Wongswan（2011）[165]的研究也发现，美国的货币政策冲击对中国的利率、货币供应量、汇率、贸易和产出均存在外溢效应。

那么，反过来思考，随着其他国家全球地位的提高，这些国家的央行货币政策是否同样也会对美国产生逆向溢出效应呢？事实上，经历了 40 多年改革开放之后的中国，经济总量跃居全球第二，经济增速始终引领全球，特别是 2016

年10月开始人民币正式成为国际特别提款权篮子货币之后，其货币政策的影响力得以显著提升。同时，从现实来看，我国央行的货币政策操作似乎也确实更多地受到了来自美国等其他发达国家的关注。所以，我们提出了一个大胆的设想，中国显然已不再是单一的美国货币政策溢出效应的接受者，反过来可能也会对包括美国在内的其他国家货币政策产生溢出效应。那么，一个自然的问题是，如何客观地去衡量和测度中国货币政策操作的改变对美国货币政策产生的逆向溢出效应?① 进一步地说，其具体逆向溢出效应如何？显然，针对这些问题，也有一些学者已进行了研究。黄宪和杨子荣（2016）[2]运用事件分析的方法就中国货币政策操作对美国货币政策中介目标利率和汇率是否存在溢出效应和溢出程度进行了研究，认为中国货币政策的实施对美国的利率和汇率均存在溢出效应，数量型货币政策工具的溢出效应更强，价格型货币政策工具的溢出效应相对较弱。黄万阳（2016）[166]研究了中日美三国之间的宏观经济政策调整引起的汇率溢出效应，认为中国货币政策扩张存在汇率贬值溢出效应。从他们的研究来看，黄宪和杨子荣（2016）[2]侧重于对中国货币政策操作的利率渠道机制进行研究，而黄万阳（2016）[166]的研究更多地侧重于从财政政策视角研究三国之间的货币政策溢出效应。杨子荣（2016）[35]还运用事件分析法研究了中国货币政策在短期内对美国股票市场的溢出效应，研究认为中国货币政策的实施对美国股票市场的收益率和波动性均存在显著的溢出效应。这为我们进一步深入研究中国货币政策对美国货币政策的逆向溢出效应提供了一定的借鉴与参考。

现有研究也存在一些值得进一步深入探究的内容。

首先，现有的研究采用事件分析法，采用的样本区间为2006年10月10日至2014年6月30日，这一样本区间跨越了2008年国际金融危机以及美联储货币政策操作工具转变的阶段，但这显然不能一并予以考虑。

其次，现有研究采用Chow检验来检验2008年国际金融危机及美联储货币政策操作工具转变是否会导致中国货币政策对美国货币政策产生的逆向溢出效应产生显著影响，但学界普遍存在的一个顾虑是，Chow检验具有人为设定结构

---

① 至于对中国货币政策对美国以外的其他国家的影响，不在文中赘述，我们关注的重点是，一国货币政策对美国等强国的逆向溢出效应是否存在及具体溢出效应如何。

变化时点的主观性，所以，由此得到的结论往往会受到质疑。

最后，现有研究更多地侧重于利率传递（利率平价理论）的渠道研究中国货币政策对美国货币政策的溢出效应，可能是考虑到汇率从严格意义上而言并非货币政策范畴，但事实上，从广义层面来看，汇率也是中央银行货币政策操作的重要工具，而且汇率波动渠道引起的冲击效应可能更强，尤其是人民币国际地位的提升（加入 SDR），以及英国脱欧等导致的英镑汇率大跌等因素，使人民币的国际地位直接威胁到了美元的霸权地位。所以，有必要从汇率渠道的视角考虑中国货币政策对美国货币政策（中美汇率波动）的外溢效应。

所以，这一章的研究思路与边际贡献主要体现在以下两个方面。

第一，摒弃美国货币政策对中国货币政策溢出效应的研究思路，反过来从汇率渠道的视角考察中国货币政策变化对美国货币政策的逆向溢出效应。

第二，采用 Gregory – Hansen（1996）[167]内生结构突变协整检验方法对中国货币政策（主要是指汇率制度的改革）变化对美国货币政策的溢出效应展开研究，并客观地比较结构突变前后这种外溢效应的强弱及其变化情况。

7.2 货币政策溢出效应相关文献综述

货币政策溢出效应源于国际间经济相互依存性的讨论，Meade（1951）[3]开创性地提出了两个国家之间的政策一致性的模型，但他的模型未能对国家之间的政策冲突及影响展开深入分析。Cooper（1969）[4]则在此基础上提出了国际间宏观经济的依存度和政策溢出效应的存在性，并指出各国之间应该共同致力于宏观经济目标和政策的协调。Hamada（1976）[5]则基于瓦尔拉斯一般均衡理论首创性地从货币政策视角研究了国家之间政策的相互依存性和溢出效应，并在后续的研究中指出，世界各国之间的任何商品和资产价格等都需要考虑到其他国家货币政策的溢出效应（Hamada，1979）[168]。后续的其他研究则在此基础上进一步围绕国家之间货币政策溢出效应的存在性以及国家之间货币政策溢出效应的传递机制（渠道）展开了大量研究，也取得了一些显著的成果。

7.2.1 货币政策全球溢出效应的存在性研究

关于国家之间货币政策溢出效应存在性问题主要还是对以美国为典型代表的发达国家对全球其他国家货币政策的溢出效应进行研究。

Sheehan（1987）[9]研究了美国货币供应量（M1）的变化对澳大利亚、德国、意大利、日本、加拿大和英国六国的影响，认为美国货币政策对不同国家的溢出效应存在明显的差异性，其研究发现美国货币供应量的变化对澳大利亚和德国的影响较为显著，而对意大利、日本、加拿大和英国则并不会产生实质性的影响。后续的 Stam 等（1991）[169]同样采用美国货币供应量（M1）指标进行了重复实验，结果显示美国货币政策变化对英国和比利时的外溢效应非常大，而对德国、日本和意大利的外溢效应则非常小。Chung（1993）[10]基于固定汇率制度和浮动汇率制度两种不同汇率制度的差异性视角，考察了美国、日本与德国货币政策之间的溢出效应是否存在，发现汇率制度的异质性决定了货币政策溢出效应的差异性，浮动汇率制度下溢出效应显著而固定汇率制度下并不存在溢出效应。Grilli 和 Roubini（1995）[170]的研究认为，七国集团其他国家货币政策因对美国货币政策具有强烈的依赖性而成为其货币政策操作的“被动接受者”，始终无法实现本国货币政策的独立性与自主性，唯一能做的就是采取一定的手段去缓解这种外部性冲击。Kim（2001）[11]对浮动汇率制下美国货币政策溢出效应的国际传导进行了实证研究，同样验证了美国的扩张性货币政策导致了七国集团中除美国以外的国家的经济繁荣，而 Ehrmann 和 Fratzscher（2006）[171]的研究却得到了完全相反的结论。Mackomiak（2007）[12]的研究发现，美国货币政策冲击大概可以解释新兴市场经济体宏观经济波动的3%～6%。相关的实证研究也表明美国货币政策对其他国家存在产出、净出口、价格水平方面的溢出效应（Wu 和 Liu，2009）[13]。Hausman 和 Wongswan（2011）[165]的研究同样证实了美国货币政策冲击对包括中国在内的 49 个国家的汇率、短期和长期利率水平均存在显著的溢出影响。Bauer 和 Neely（2013）[159]等文献则认为，美国货币政策是全球性的，其外溢效应明显存在，并且在各国货币政策博弈中，美国能够借此主动制约他国货币政策的实施效果及最终目标的实现。与此同时，一些研究也得到了相异的观点，如 Kim（2001）[11]的研究提到，美国货币政策并不会对G7 国家中绝大多数国家的中央银行（加拿大除外）货币政策操作的自主性和独立性产生实质性外溢效应。

国内关于货币政策全球溢出效应的研究也主要是基于美国货币政策的外溢效应而展开。邢天才和唐国华（2011）[16]从利率、货币供应量和货币政策自主性三个方面，采用实证分析的方式检验了美国货币政策对中国货币政策的溢出效应，其研究结果显示美国的利率政策变动会引起中国的利率和广义货币供给发生同方向的变动。王艳和张鹏（2012）[17]的研究认为，美国货币政策会通过我国信贷渠道进行传递和溢出，进而影响我国的广义货币供给。龚秀国（2013）[163]认为，美国实行量化宽松货币政策会通过外汇渠道机制影响人民币汇率，迫使人民币真实汇率和名义汇率不断升值。陈嘉骞等（2015）[18]的研究证实了美联储的货币政策对世界其他地区的经济和金融市场会产生溢出效应，而且还指出，在非常规时期，比如量化宽松货币政策退出时期，这种溢出效应更加明显，同时又强调新兴市场经济体国家需要尽可能地改善宏观经济基本面，以减少美国货币政策全球溢出效应的冲击。

7.2.2 货币政策全球溢出效应的传递渠道研究

在货币政策全球溢出效应（美国货币政策对其他国家的溢出效应）存在性得以普遍认同的基础上，大量研究围绕货币政策溢出效应的传递机制，从利率、汇率和贸易产出等渠道对此展开了广泛的探讨。相应地，基于一国利率水平的变动对其他国家利率水平和资本市场（资产价格）的冲击，进而引起资本流动和重新配置的研究成为利率渠道传递机制研究的聚焦点。Glick 和 Hutchison（1990）[33]在关于美国等发达国家利率政策的变动对泛太平洋地区国家的实际利率水平的影响研究中发现，美国货币政策对其他国家存在显著的利率冲击效应。Shamiri 和 Isa（2010）[34]基于东南亚金融危机的研究发现，各国国内金融市场信贷和资产泡沫扩张的主要根源在于“过度”资本流入所致。Kim 和 Nguyen（2009）[8]在对美联储和欧洲央行货币政策对 12 个亚太国家资本市场的回报率和收益率是否存在溢出效应进行研究时，发现美联储和欧洲央行的货币政策调整会产生显著的溢出效应。杨子荣（2016）[35]的研究同样发现中国货币政策通过利率渠道在短期内对美国股票市场存在显著的溢出效应。而关于货币政策溢出效应的汇率传递渠道的研究主要是基于一国汇率会通过影响该国的贸易条件与国际购买力而影响总产出和生产要素进口成本，继而对该国实体经济产生影响。Jang 和 Ogaki（2004）[56]基于美国货币政策对美元—日元汇率的溢出效应的研究发现，美国紧缩性的货币政策冲击会导致美国名义汇率和实际汇率升值，日元对美元汇率受到冲击而出现波动，表现为日元对美元汇率出现贬值。

然而，无论是开放经济条件下的宏观经济模型，还是蒙代尔—佛莱明—多恩布什模型，基于贸易产出传递渠道的研究普遍认为，货币政策会通过影响本国货币供应量和利率引起本国进出口贸易条件的变化，加上汇率渠道的共同作用引起资本流动，进而影响其他国家的贸易状况和资本流动，产生溢出效应，但最终的溢出效应到底是正向的还是逆向的却存在不确定性，这也是蒙代尔—佛莱明—多恩布什模型关于外国货币冲击溢出效应的歧义之所在（Grilli 和 Roubini，1992[63]）①。Benigno 和 Benigno（2006）[64]的研究同样认为，如果货币政策国际之间的溢出效应是通过贸易和产出渠道传递的，那么其大小具有不确定性，这主要是取决于商品本期和跨期替代弹性。

7.3 中美货币政策逆向溢出效应实证检验

7.3.1 实证模型设定

为检验中国货币政策对美国货币政策逆向溢出效应的存在性及其具体溢出效应如何，本章基于汇率渠道视角，参照潘锡泉（2013）[172]的研究，以拓展的非抛补利率平价模型为基础进行拓展，建立计量模型如下：

$$\Delta E_t = c + \alpha NDF_t + \beta i_t^{ca} + \gamma i_t^{us} + \delta TC_t^{ca} + u_t \quad (7-1)$$

其中，ΔE_t 表示 t 时刻中美双边汇率的波动情况、数据采用直接标价法的汇

① 当一国名义汇率和实际汇率贬值时，会刺激总需求和产量的增加；另外，较高的利率会抑制总需求，往往会导致产量的减少。

率测算得到，NDF_t 表示 t 时刻市场关于中美双边远期汇率预期的变化，采用人民币远期汇率升贴水幅度的变化来表示，数据来自 Wind 数据库，i_t^{ca} 表示 t 时刻来自中国利率水平的影响冲击，我们采用 7 天银行间同业拆借利率衡量，数据来自 Wind 数据库①，i_t^{us} 表示 t 时刻美国利率水平的冲击，采用美国一个月国债收益率代替，数据来自 Wind 数据库，TC_t^{ca} 表示中国货币政策调整事件的虚拟变量②，数据来自中国人民银行官网③，并据此整理得到。u_t 为残差项。

7.3.2 实证检验：基于 Gregory – hansen 结构突变的协整检验与估计

为规避人民币汇率制度改革对中美货币政策溢出效应的影响，本书进行实证检验样本区间选为汇改后的2005 年 7 月 22 日到2016 年 8 月 31 日，共计2584 个交易日的高频数据。

在进行结构突变协整检验前，首先对各变量数据的平稳性进行单位根检验，检验结果如表 7 – 1 所示。

表 7 – 1　　各变量单位根检验结果（全样本）

变量	检验类型（C，T，L）	ADF 统计量值	1% 临界值	5% 临界值	10% 临界值
ΔE_t	（0，0，0）	– 49.798 ***	– 2.57	– 1.94	– 1.62
NDF_t	（0，0，8）	– 15.96 ***	– 2.57	– 1.94	– 1.62
i_t^{ca}	（C，0，15）	– 3.9 ***	– 3.43	– 2.86	– 2.57
i_t^{us}	（C，T，2）	– 1.66 *	– 2.57	– 1.94	– 1.62

注：* 和 *** 分别表示在 10% 和 1% 显著性水平上显著。

① 事实上，7 天同业拆借利率被认为是我国比较接近市场化水平的利率，其变动也可以理解为是我国货币政策的微调，但考虑到我国实际货币政策操作中主要是对存款准备金率和中央银行对商业银行的基准利率进行调整，显然，两者之间还是具有较大区别的。因此，在本书的模型中，我们依然纳入了中国货币政策调整的事件作为虚拟变量来进一步剖析中美货币政策的逆向溢出效应，借助利率水平的变动（定量分析）和货币政策操作中基准利率的调整事件（事件分析法）相互对照来检验中国货币政策操作是否会对美国货币政策产生逆向溢出效应。

② 参照黄宪和杨子荣（2016）[2] 的做法，中国货币政策冲击采用货币政策公告日而非实际执行日作为国外因素对中美双边汇率波动的影响，主要是由于发达市场仅对未预期到的货币政策成分作出反应。

③ 为简单起见，中国货币政策调整主要考虑存款准备金率和利率的调整，而不纳入央行正常的回购操作。

表7-1的单位根检验结果显示，ΔE_t、NDF_t、i_t^{ca}、i_t^{us} 均能够在10%或1%显著性水平上拒绝存在单位根的原假设，也就意味着各变量均为平稳过程①。因此可以进行 Gregory - Hansen 结构突变的协整检验和估计。运用 Gauss 9.0 软件编制程序进行检验，得到的 Gregory - Hansen 结构突变协整检验结果如表7-2所示（结构突变协整检验时以没有纳入中国货币政策调整变量为基础模型，纳入中国货币政策调整变量作为模型稳健性检验）②。

表7-2　结构突变协整检验结果（全样本）

统计量	类型	没有纳入中国货币政策调整变量 TC_t^{ca}		纳入中国货币政策调整变量 TC_t^{ca}	
		统计量值	结构突变发生时点	统计量值	结构突变发生时点
ADF^*	C/T	-54.82***	0.2113（2007年12月3日）	-54.81***	0.2113（2007年12月3日）
Z_t^*	C/T	-54.83***	0.2113（2007年12月3日）	-54.81***	0.2113（2007年12月3日）
Z_α^*	C/T	-2561.78**	0.28367（2008年9月17日）	-2560.84***	0.28367（2008年9月17日）

注：（1）***表示在1%显著性水平上显著，**表示在5%显著性水平上显著；（2）判断统计量是否显著的临界值源于 Gregory 和 Hansen（1996）[167]蒙特卡罗模拟所得到的结果。

表7-2的结构突变协整检验表明，本书所构建的货币政策溢出效应模型确实存在结构突变协整关系，协整方程发生结构突变的时间大约为2007年12月3日（ADF^* 和 Z_t^* 统计量所得到的时点）和2008年9月17日（Z_α^* 统计量所得到的时点），该结构突变时间点与杨子荣（2016）[35]等现有研究人为设定2008年国际金融危机爆发或二次汇改重启（2010年6月）等时点而进行 Chow 检验得到的结论存在显著差异性。显然，本书中采用客观地检测结构突变时间的 Gregory - hansen 方法所得到的结论具有更高的可信度。

进一步分析，该时段发生结构突变的根源可能源于2008年国际金融危机的爆发和迅速蔓延，引起中美两国货币政策的强力刺激和调整所致。事实也证明，我国为规避2008年国际金融危机的影响而进行了频繁的货币政策调整，在不到1年时间内，货币政策调整了7次。在2008年9月17日结构突变之后，短短不

① 这可能也得益于本书采用日交易高频数据降低了数据噪声。

② 纳入中国货币政策调整变量进行结构突变协整检验前，对中国货币政策调整变量进行了单位根检验，检验结果为在1%显著性水平上显著，拒绝存在单位根的原假设，同样符合结构突变协整检验时对各变量的平稳性要求。

到4个月时间，我国又进行了8次货币政策的操作与调整，这可能也是直接导致美国在此之后的一个月国债收益率降至零利率水平的原因所在，并预示着中美货币政策之间表现出的传统“被动接受”与“主动冲击”角色开始悄然发生改变①。与此同时，美国也摒弃了传统的以利率为主要调节工具的价格型货币政策，继而加速开启了量化宽松货币政策的重大方向调整。

因此，为更好地规避2008年国际金融危机的冲击引起的中美两国货币政策的强力刺激与调整导致协整方程发生结构突变的影响，以及进一步探明中美两国货币政策角色是否确实发生了变化及如何变化，我们剔除2007年12月3日至2008年9月16日的样本数据，将样本区间分成2005年7月22日至2007年11月30日和2008年9月17日至2016年8月31日两个子样本进行协整检验与估计。显然，在进行协整检验与估计前，首先需要对两个子样本内的各变量单位根情况进行重新检验，检验结果显示均为平稳过程②，故可以直接采用OLS估计得到两个子样本内中国货币政策对美国货币政策的具体逆向溢出效应，结果如表7-3所示③。

表7-3　　中国货币政策对美国货币政策溢出效应长期协整关系

自变量	子样本1（2005年7月22日至2007年11月30日）ΔE_t	子样本2（2008年9月17日至2016年8月31日）ΔE_t
NDF_t	0.2183（6.8***）	0.1033（11.89***）
i_t^{ca}	-0.0002（-0.504）	-0.0001（-2.16**）
i_t^{us}	0.00056（1.94*）	0.0044（2.4**）
TC_t^{ca}	-0.0003（-0.154）	0.0012（1.94*）
截距项	-0.003（-1.75*）	—
残差项单位根检验结果	平稳（-38.88***）	平稳（-40.84***）

注：括号内均为对应系数或结果的t统计量值，—表示不含截距项，*、**和***分别表示在10%、5%和1%显著性水平上显著。

① 这在后面的中美逆向溢出效应存在性检验及其阶段性特征研究中得到了很好的佐证。

② 关于两个子样本内各变量单位根检验具体过程若有所需，可向作者索要。

③ 前人的研究表明，尽管OLS估计在评估货币政策溢出效应时可能存在一定的偏差，但偏差极小，因此，在变量均为平稳变量的情况下，应该优先选择该方法进行估计。

表7-3的估计结果显示，残差项均能够拒绝存在单位根的原假设，表明两个子样本内中美货币政策逆向溢出效应的长期协整关系均成立。但协整结果同样表明，两个子样本内，中国货币政策操作及其他变量对美国货币政策（中美双边汇率波动率）的影响效应显然存在较大的异质性。在2005年7月22日到2007年11月30日的子样本内，我们所关注的中国利率（7天同业拆借利率）水平的变动，以及中国货币政策操作（包括存款准备金率的调整和基准利率的调整）的变化都不会对中美双边汇率波动率产生实质性影响（系数统计量不显著），而中美双边远期汇率预期效应和美国国内自身利率水平的变化（美国1个月期限的国债收益率）确实能够引起中美双边汇率波动率的变化，且中美双边远期汇率预期效应和自身利率水平的提高（国债收益率的提高）均能够对中美双边汇率波动率产生正向的助力作用。

然而，在2008年9月17日到2016年8月31日的子样本内，我们得到了与2005年7月22日到2007年11月30日样本期内完全相异的结论。不仅表现在中国利率（7天同业拆借利率）水平的变动能够对中美双边汇率波动率产生显著的负向效应，而且还表现在我们所特别关注的目标——中国货币政策操作的变化（包括存款准备金率的调整和基准利率的调整）对美国货币政策存在显著的逆向溢出效应。具体表现为，中国货币政策操作的调整（包括存款准备金率的调整和基准利率的调整）均会使得中美双边汇率产生12个基点（0.0012）的正向波动。而中美双边远期汇率预期效应和美国国内自身利率水平的变化（美国1个月期限的国债收益率）与2005年7月22日到2007年11月30日子样本得到的结论一致，同样会对中美双边汇率波动率产生正向的助力作用。

进一步地，表7-3的研究结果证实了我们一开始提出的猜想，在2007年11月30日之前，我国货币政策操作从长期来看完全不会对美国货币政策产生逆向的溢出效应，这决定了在这之前我国只能扮演美国货币政策操作的“被动接受者”角色，但随着2008年国际金融危机后我国全球影响力的提高和在世界经济格局中地位的提升，我国已不再是单纯的以美国为代表的发达国家货币政策的被动接受者，反过来确实也会对美国等其他发达国家货币政策产生逆向溢出效应，即在一定程度上具备了主动制衡和反击美国等发达国家货币政策溢出效应的能力。同时，研究结果也证实了引入结构突变协整方法动态、客观地去剖析货币政策溢出效应的必要性，不能像传统文献一样将整个样本区间不加区分就进行研究，也不宜通过主观设定结构突变时点来予以研究，否则得到的结论值得商榷。

7.4 基于VAR的中美货币政策逆向溢出效应脉冲响应和方差分解

7.4.1 基于VAR的短期脉冲响应分析

鉴于各变量在两个子样本中均是平稳过程，故可以进一步在VAR基础上得到各变量的一单位冲击对目标变量的短期影响效应。子样本1中 ΔE_t 受其自身以及 i_t^{ca}、i_t^{us}、NDF_t、TC_t^{ca} 各变量一单位冲击的脉冲响应情况如图7-1所示。

图7-1的脉冲响应结果表明，短期内 ΔE_t 受其自身和中美双边远期汇率预期 NDF_t 的影响最为显著，且这种冲击效应将在滞后第二和第三个交易日开始趋于零。我国的市场化利率变量（i_t^{ca}）和美国自身利率变量（1个月国债收益率 i_t^{us}）尽管短期内对美国货币政策的冲击效应较弱，但持续周期相对较长。而我们所关注的我国货币政策操作调整在短期内对中美双边汇率的冲击效应不仅较弱，而且这种冲击效应的滞后影响周期也比较短，这也意味着在2008年国际金融危机前，我国货币政策操作对美国货币政策的逆向溢出效应并不十分显著（与长期协整方程估计得到的结论类似），利率水平（包括我国的市场化利率和美国的利率水平）才是影响美国货币政策的主要因素。

同理，可以得到在子样本2中 ΔE_t 受其自身以及 i_t^{ca}、i_t^{us}、NDF_t、TC_t^{ca} 各变量一单位冲击的脉冲响应情况如图7-2所示。

图7-2结果显示，短期内 ΔE_t 同样受其自身以及中美双边远期汇率预期 NDF_t 的影响最为显著，但相比于2008年国际金融危机前的子样本，其冲击的滞后影响周期明显有所增加，且中美双边远期汇率预期 NDF_t 对美国货币政策（中美双边汇率的波动）的短期冲击效应增强力度最为显著。同时，中国市场化利率和美国国内利率水平的变化同样对美国货币政策（中美双边汇率的波动）的

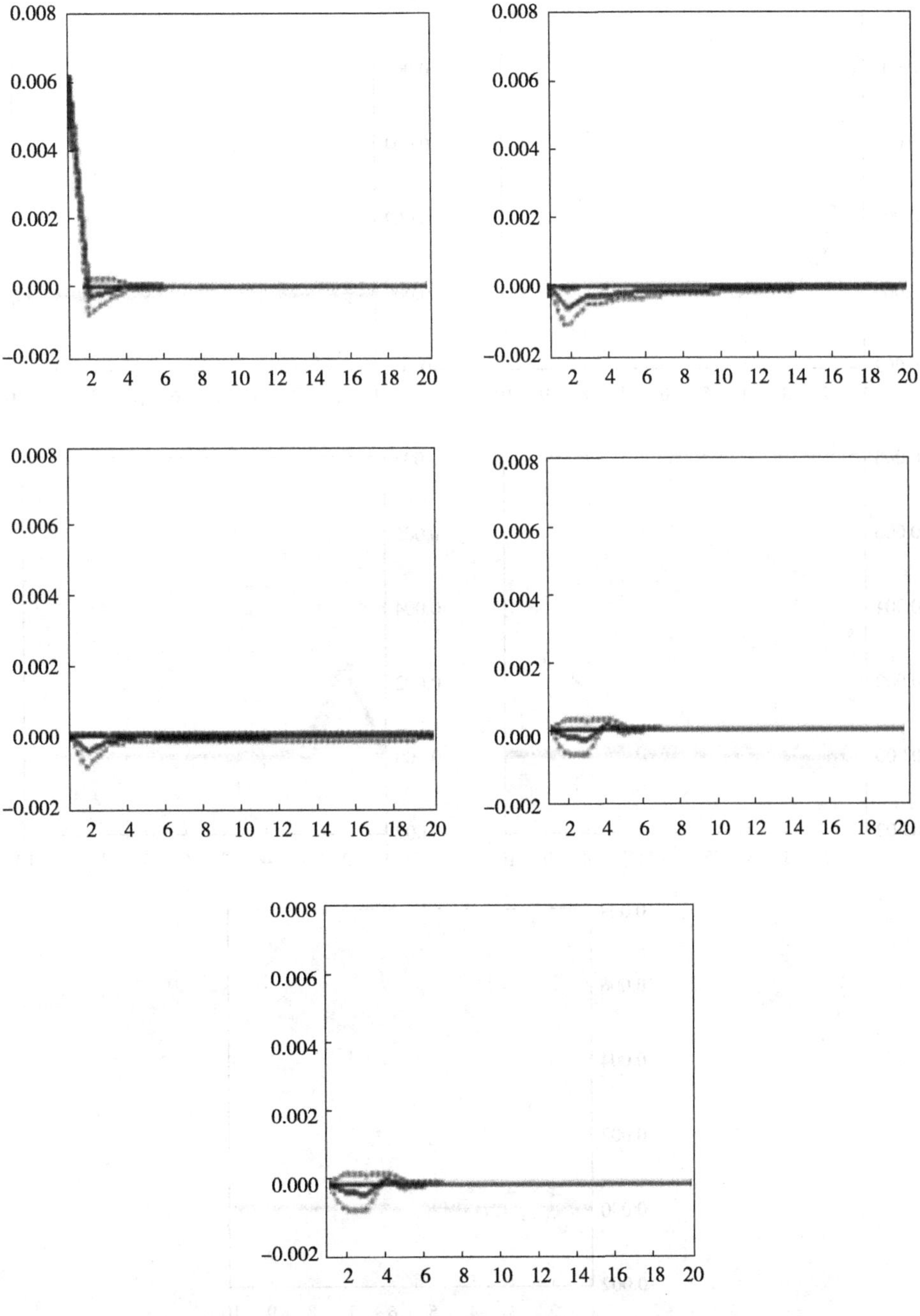

图 7－1　中美货币政策逆向溢出效应脉冲响应图（子样本 1）

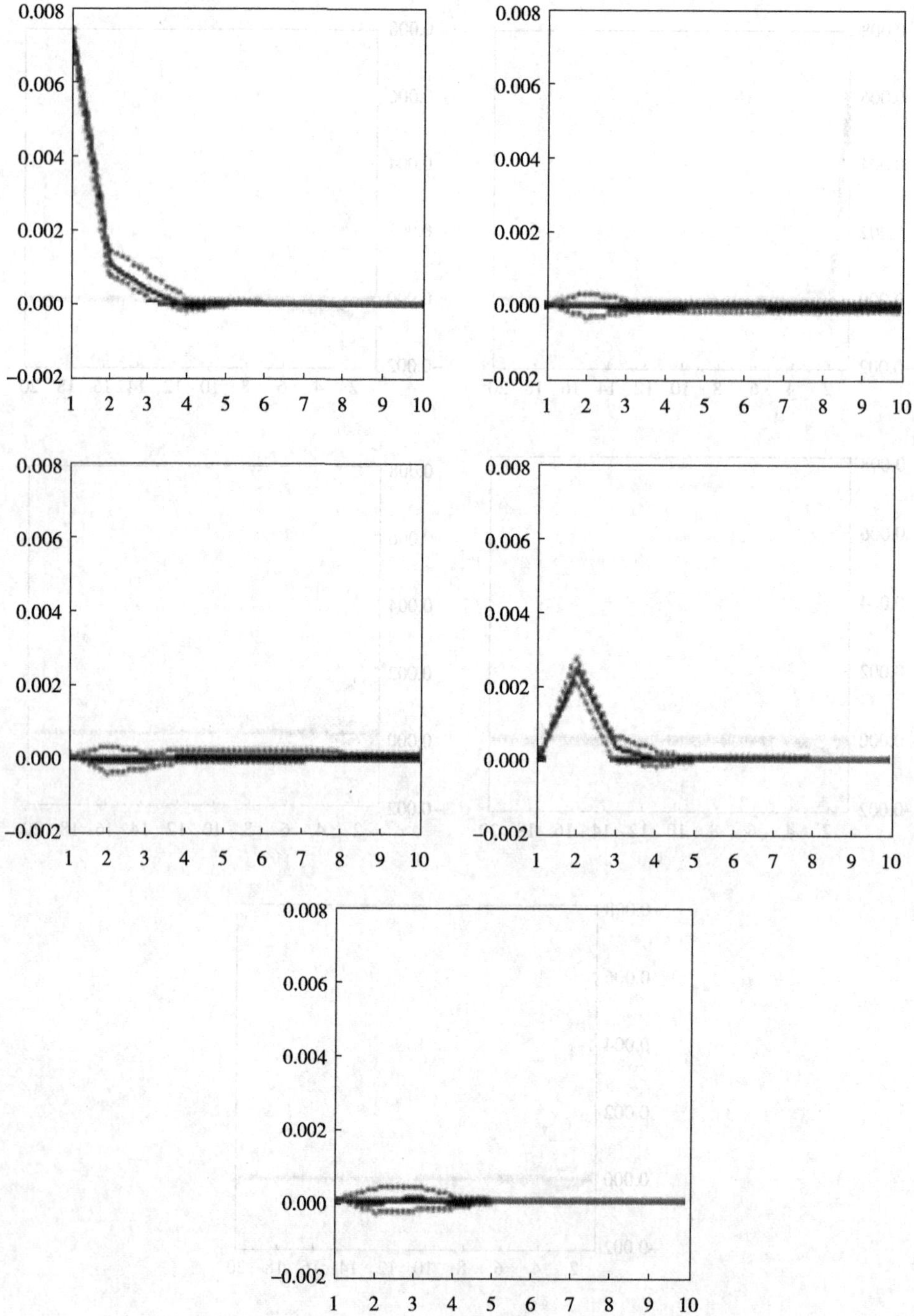

图 7-2　中美货币政策逆向溢出效应脉冲响应图（子样本 2）

短期冲击效应较弱，我们最为关注的中国货币政策操作调整对美国货币政策（中美双边汇率的波动）的短期冲击效应尽管同样很小，但相较于2008年国际金融危机前的子样本，其冲击效应似乎变得更为微弱，滞后性也明显更为持久。

7.4.2 方差分解分析

为更加清晰地刻画出各变量对中美双边汇率波动情况的影响贡献度，我们进一步得到两个子样本的方差分解，结果如表7－4和表7－5所示。

表7－4　　中美货币政策逆向溢出效应方差分解（子样本1）

Period	S. E.	ΔE_t	i_t^{ca}	i_t^{us}	NDF_t	TC_t^{ca}
1	0. 005776	100. 0000	0. 000000	0. 000000	0. 000000	0. 000000
2	0. 005912	95. 60673	1. 121471	0. 448207	2. 711108	0. 112489
3	0. 005952	94. 35465	1. 278142	0. 490600	3. 601424	0. 275179
4	0. 005962	94. 05325	1. 479199	0. 494001	3. 607460	0. 366090
5	0. 005965	93. 96334	1. 562687	0. 494005	3. 613995	0. 365971
6	0. 005967	93. 89979	1. 622903	0. 494985	3. 613815	0. 368503
7	0. 005968	93. 85575	1. 666366	0. 495547	3. 612551	0. 369783
8	0. 005969	93. 82341	1. 698138	0. 496083	3. 611997	0. 370369
9	0. 005970	93. 80045	1. 720567	0. 496643	3. 611583	0. 370753
10	0. 005971	93. 78388	1. 736524	0. 497203	3. 611315	0. 371082
11	0. 005971	93. 77195	1. 747856	0. 497747	3. 611143	0. 371306
12	0. 005971	93. 76333	1. 755902	0. 498274	3. 611035	0. 371461
13	0. 005972	93. 75707	1. 761610	0. 498781	3. 610969	0. 371570
14	0. 005972	93. 75250	1. 765653	0. 499266	3. 610931	0. 371646
15	0. 005972	93. 74915	1. 768514	0. 499728	3. 610913	0. 371699
16	0. 005972	93. 74666	1. 770534	0. 500167	3. 610907	0. 371735
17	0. 005972	93. 74479	1. 771957	0. 500583	3. 610907	0. 371760
18	0. 005972	93. 74338	1. 772958	0. 500976	3. 610913	0. 371777
19	0. 005972	93. 74228	1. 773659	0. 501348	3. 610920	0. 371788
20	0. 005972	93. 74143	1. 774149	0. 501699	3. 610929	0. 371795

表 7-5　中美货币政策逆向溢出效益方差分解（子样本 2）

Period	*S.E.*	ΔE_t	i_t^{ca}	i_t^{us}	NDF_t	TC_t^{ca}
1	0.007266	100.0000	0.000000	0.000000	0.000000	0.000000
2	0.007759	89.70006	0.000965	0.006085	10.29085	0.002047
3	0.007776	89.58150	0.007342	0.024297	10.37818	0.008679
4	0.007777	89.56175	0.010175	0.033752	10.37696	0.017360
5	0.007778	89.53937	0.011677	0.055819	10.37542	0.017713
6	0.007779	89.52128	0.013133	0.073815	10.37406	0.017711
7	0.007779	89.50707	0.014746	0.087251	10.37322	0.017712
8	0.007780	89.49534	0.016459	0.098174	10.37231	0.017710
9	0.007780	89.48533	0.018220	0.107278	10.37147	0.017709
10	0.007780	89.47671	0.020005	0.114843	10.37073	0.017707
11	0.007781	89.46929	0.021795	0.121117	10.37009	0.017706
12	0.007781	89.46286	0.023573	0.126333	10.36953	0.017705
13	0.007781	89.45725	0.025323	0.130684	10.36903	0.017704
14	0.007782	89.45235	0.027034	0.134325	10.36859	0.017704
15	0.007782	89.44803	0.028694	0.137380	10.36820	0.017703
16	0.007782	89.44421	0.030297	0.139950	10.36784	0.017703
17	0.007782	89.44082	0.031837	0.142120	10.36752	0.017702
18	0.007782	89.43780	0.033309	0.143957	10.36724	0.017702
19	0.007782	89.43509	0.034711	0.145517	10.36698	0.017702
20	0.007782	89.43267	0.036043	0.146846	10.36674	0.017701

表 7-4 和表 7-5 的结果均显示，中国货币政策对美国货币政策逆向溢出效应的表现中，中美双边汇率自身波动的贡献度最大，中美双边远期汇率预期的变化贡献度次之，而中国利率水平的变化和美国国内利率水平的变化，以及中国货币政策操作及调整对美国货币政策的溢出效应贡献度相对较弱，这与脉冲响应分析得到的结论一致。值得注意的是，2008 年国际金融危机前后两个样本期相比较而言，中国货币政策调整对美国货币政策的影响效应贡献度并未发生实质性的提高，而中美双边远期汇率预期的变化对中美双边汇率波动的影响贡献度却出现了显著的提升。

显然，出现这一情况的可能原因在于，一方面，2008 年国际金融危机后人民币汇率波动进入相对较为平稳的阶段，但相应的汇率升值预期却并未由此降低，其结果是，中美双边远期汇率预期的变化对中美双边汇率波动的影响表现得尤为突出。另一方面，美联储为应对金融危机冲击而摒弃了传统的利率手段，继而连续祭出量化宽松货币政策，并将利率（1 个月国债收益率）降至零利率水平（2008 年 9 月 15 日开始），其结果是中美两国利率因素（价格型货币政策）的变动对美国货币政策的影响效应贡献度较弱①。所以，无论是前面的脉冲响应分析，还是此时的方差分解分析，均显示中美利率水平的调整和我国货币政策操作的调整在短期内对美国货币政策的溢出效应影响较小。

7.5 本章小结

这一章采用事件分析与非线性结构突变相结合的方法，基于汇率渠道视角就我国货币政策调整是否会对美国货币政策产生逆向溢出效应进行了研究。

第一，基于汇率渠道视角的中美货币政策溢出效应存在显著的结构突变协整关系，而并非传统文献所认为的线性关系，其根源可能在于 2008 年国际金融危机的冲击所引发的中美两国货币政策的强力刺激与调整，致使货币政策溢出效应发生结构性突变。

第二，从长期来看，我国货币政策对美国货币政策是否存在逆向溢出效应并不能一概而定，而是具有阶段性特征。2005 年 7 月 21 日汇率制度改革后到 2007 年 12 月 3 日结构突变前，我国货币政策对美国货币政策并不存在显著的逆向溢出效应，在 2008 年国际金融危机全面爆发后的货币政策强刺激阶段（2009 年 9 月 17 日结构突变后），美国的量化宽松货币政策以及近几年美国经济启暖回升后退出量化宽松和加息政策都会对我国货币政策产生溢出效应，反过来我国货币政策的调整也会对美国货币政策产生逆向溢出效应，在一定程度上具备了主动制衡和反击美国货币政策溢出效应的能力。

---

① 这里需要指出的是，笔者的判断是，出现这一结果的原因可能在于本文没有将美国量化宽松货币政策实施阶段的特殊因素纳入实证方程中，这也是笔者接下来进一步研究的内容。但这并不影响本文探究中国货币政策对美国货币政策是否存在显著的逆向溢出效应这一最终目的。

第三，从短期来看，无论是2008年国际金融危机前，还是2008年国际金融危机后，美国货币政策（汇率波动）受其自身和中美双边远期汇率预期的冲击最为显著，而中国货币政策操作的调整，以及中国市场化利率和美国国内利率水平的变化对美国货币政策的冲击效应较弱，贡献度也较小。但相较而言，中国货币政策操作的调整对美国货币政策的影响周期在2008年国际金融危机后相较于危机前变得更为持久。

事实上，国际货币政策的溢出效应及全球协调与治理已成为后危机时代各国政府共同面临的难题，也是2016年G20杭州峰会“创新、活力、联动、包容”主题的重要内涵及具体深化。因此，本书的研究，对于学界与我国政府如何参与全球治理及国际货币政策的协调具有重要的启发意义。

其一，汇率渠道的货币政策溢出效应协整关系发生了显著结构突变的结论启发我们，在进行中美货币政策溢出效应研究时，不能忽视金融危机等外界冲击下货币政策强刺激作用对货币政策操作的影响及其产生的非线性特征，更不能简单地以金融危机或者汇率制度改革时点为非线性区间的划分标准。

其二，结构突变前后我国货币政策调整对美国货币政策溢出效应的异质性，决定了我国在进行货币政策操作时不能拘泥于传统的思维被动应对美国货币政策的溢出效应，而是需要重新审视，换位思考，以“合作与共赢”的思维去推动中美两国央行之间的沟通与合作，尽快达成两国货币政策之间的国际协调作用，起到发挥货币政策全球治理的典范作用，共同维护全球金融市场的稳定。

8 中美政策差异化背景下我国货币政策治理体系构建

在经济全球化背景下，各国经济通过国际贸易和投资等行为紧密联系在一起，一国货币政策的操作将无法实现传统封闭环境下的独立性。事实上，在开放经济条件下，任何一国的货币政策或多或少都会影响到其他国家，同时也会受到其他国家，尤其是像美国这样的发达国家货币政策操作带来的溢出效应，无法独善其身。在美国货币政策变化对我国产生溢出效应的背景下，我国货币政策操作在2009年9月17日之后同样对美国产生了逆向溢出效应，中美两国之间的货币政策操作联动性变得更强。因此，如何最小化货币政策之间的国际负面溢出效应，需要各国之间进行货币政策操作的协调与合作，充分考虑到经济的相互联系，愿意共同推动以互利共赢为目的的政策调整，在货币政策操作上结合自身货币政策目标，采取相互协调的行动，做出一系列货币政策工具的调整和改变，实现福利最大化。

中美两国作为世界上最大的发展中国家和发达国家，在世界经济发展中占据着特殊的地位，在宏观政策形势和货币政策方向上，更应该加强沟通与协调，最小化彼此货币政策操作对世界经济带来的负向溢出和冲击。事实上，通过货币政策方向的协调、金融监管协调、汇率协调等多种渠道，中美两国在货币政策协调方面已经进行了有益的尝试，在多个领域加强了信息交流和政策合作，为两国经贸的合作和共同利益的维护做出了积极贡献。例如中美两国建立的多种层次协商机制、中美战略对话机制和中美战略经济对话机制等。具体来看，如2008年10月8日，美联储等六国央行共同宣布了史无前例的联合降息政策，同时将基准利率下调50个基点。我国央行随后将1年期贷款基准利率下调27个基点，并将中小金融机构人民币存款准备金率下调0.5个百分点。中美两国还出台了联合救市措施，对于遏制全球金融危机的恶化和蔓延发挥了重要作用。

在美国非常规货币政策的退出过程中，中美两国在货币政策方向上存在明显的同向性。比如，2017 年 12 月 13 日，美联储宣布将联邦基金利率目标区间上调 25 个基点到 1.25% ~1.5% 的水平。12 月 14 日，我国央行将逆回购及 MLF 操作利率上调 5 个基点。这是我国央行自 2017 年 3 月以来的首次上调公开市场逆回购中标利率。中美双方在已有的协调机制框架内，就货币政策的方向、国际金融的监管与合作、人民币汇率问题、经济失衡及调整等方面进行了一系列的沟通和协调，出台了一系列的协调方案。中美两国的货币政策协调加强了两国在经济和贸易方面的合作，缓解了两国在经济贸易方面的摩擦和矛盾，维护了两国强劲、平衡、可持续的经济增长态势，整体上保证了双方的共同利益。但在中美两国货币政策协调与合作的实践中，也存在诸多问题，甚至出现了货币政策操作的差异化，带来较为不利的溢出效应。基于此，对于我国而言，应在做好中美两国货币政策协调的基础上，寻求适合我国的“以我为主”的货币政策的治理体系，通过跨境资本流动和汇率制度改革的联动以及宏观审慎监管等手段，实现中美两国之间货币政策信息交流和政策取向的互动，消除由于政策操作和信息不对称所带来的负面影响。

8.1 货币政策国际协调及治理相关研究

8.1.1 货币政策国际协调方面的研究

关于中美货币政策操作和国际协调的研究日益丰富，特别是在 2008 年国际金融危机以来，在中美两国货币政策出现较大分化的背景下，这一问题尤其引起了各方的关注和重视。因为美中两国作为世界第一大和第二大经济体，深处经济金融全球化环境下，很难在经济金融动荡中独善其身。在新冠疫情冲击下，全球经济步入更加脆弱的阶段，我国经济增长同样面临越发复杂的外部宏观环境，受到发达国家频繁转向或退出量化宽松货币政策的影响，这对我国经济稳健发展带来了较大的负面效应。Mackowiak（2007）[173] 基于 2008 年国际金融危机后各发达国家陆续采取量化宽松货币政策及其后续的退出量化宽松货币政策给各国经济带来溢出效应的现实背景，提出了货币政策国际协调的重要性观点。

该研究认为，各国经济复苏的进程有快有慢，如果缺乏有效的货币政策协调，资本将从弱势国家流向首先退出量化宽松政策的国家，这将拖累缓慢复苏国家的经济增长，甚至可能引发世界经济的二次衰退。因此，各国货币政策操作之间亟须做好国际协调。Frazscher（2012）[174]认为，货币政策操作的国际协调需要有一个中立的第三方评估机构，能够客观评估每个国家的货币政策溢出效应，并据此提出可供选择的货币政策组合，通过制定货币政策的通用准则来减少各国货币政策操作中的负面溢出。在此基础上，基于国际货币基金组织的使命和责任分析，进一步提出国际货币基金组织适合扮演这个第三方评估机构，可以发挥更大的作用，在促进货币政策国际协调方面具有天然的优势。万亮(2018)[175]基于国际性组织在各国货币政策协调中应该扮演的作用视角进行了研究。该研究认为，国际货币基金组织、世界银行、国际清算银行等国际性组织需要发挥好其在促进各国信息交流、评估各国货币政策溢出效应和督促各国货币政策操作方面的作用。还有一些研究则提出了建立超主权货币体系来规避各国货币政策操作的不利溢出影响。Alessandrini 和 Fratianni（2009）[176]指出，超主权货币的发行应该独立于各国央行，发行数量由市场供需决定，而国际货币基金组织中的特别提款权（SDR）是目前最接近超主权货币的。周小川(2009)[177]则认为，尽管国际货币基金组织的 SDR 存在各种缺陷，但仍然有望成为国际储备货币，应该发挥好 SDR 在国际贸易中的计价结算功能，使其成为广泛接受的支付手段，规避美国等大国货币政策操作给其他各国带来的不利影响。针对当前美元在国际货币体系中的特殊地位，在超主权货币体系的建立存在难度的现实背景下，一些研究从强化区域货币合作视角提出了通过区域货币合作共同抵御外部货币政策溢出效应冲击的建议。陈伟（2011）[178]以东亚为例，从外汇储备和银行资金成本视角分析了东亚区域货币合作的成效，提出东亚地区进行有效的货币政策协调，将会显著降低美国货币政策带来的负面溢出效应。涂永红（2017）[179]分析了新形势下我国货币政策操作的合理性，并分析了中美货币政策协调的着力点。该研究认为，我国货币政策需要加大对人民币汇率的微调和预期管理作用，规避短期资本的异常流动，减少美元加息政策的负面冲击。同时应该进一步以汇率为抓手开展多层次协调，构建具有一定深度和广度的外汇市场，将人民币离岸市场纳入我国货币政策范畴，加强对汇率的预期管理，以规避美国货币政策的负面溢出冲击。2008 年国际金融危机和 2020 年的新冠疫情给各国经济带来了冲击，各国纷纷开展频繁的货币政策操作，这给其他各国带来了较大的冲击。学界和政界都意识到货币政策操作的国际协调的重要性。虽然关于货币政策国际协调给各国带来的边际效应大小以及如何分配仍然存在较大的分歧，但实践中，关于货币政策的国际协调已经成为各国共同抵御金融危机和新冠疫情等外部事件冲击，维护全球金融系统稳定和各国经济稳健可持续发展的重要工具。实践也证明，国际金融体系的稳定和世界经济的发展，离不开卓有成效的国际货币政策协调。

8.1.2 货币政策治理方面的研究

自我国 2005 年 7 月 21 日开启人民币汇率制度改革之后，关于如何应对美国等发达国家货币政策溢出效应的研究一直备受关注。连平和周兵（2016）[180] 提出，应该在完善公开市场操作等传统货币政策工具的基础上，进一步通过 PSL、SLF、MLF 等创新金融工具释放流动性，改变我国由于美国货币政策操作溢出效应带来的诸如外汇占款增加导致我国央行被动投放基础货币的不利局面，以此增强我国央行货币政策操作中对流动性管理的主动性。该研究还进一步从我国人民币国际化进程加快的视角提出了货币政策操作建议。我国应该通过亚洲开发银行、"一带一路" 建设以及人民币离岸市场建设等多种手段和方式积极推动人民币国际化，增强我国应对国际金融市场风险传染的能力。刘景卿、李奇璘和车维汉（2017）[181] 回顾了 2008 年国际金融危机以来国际货币政策的协调情况，基于货币政策国际协调视角，从货币政策协调途径和协调制度设计等角度提出了我国货币政策参与国际协调的治理机制。郑鸬捷（2017）[182] 在对货币政策框架演变过程进行梳理并分析其传导机制的基础上，就我国新旧货币政策传导机制问题进行了探讨，提出引入利率走廊和宏观审慎评估体系对我国货币政策治理能力提升具有重要价值的结论。梁斯（2018）[183] 基于我国新的货币政策操作模式分析了我国货币政策传导机制的有效性，并从一级交易商制度扩大交易商规模，进一步扩大合格抵押品范围等视角提出了健全我国货币政策操作框架，提升我国货币政策治理能力的建议。彭明生和范从来（2019）[184] 在回顾我国改革开放以来货币政策操作历程的基础上，比较了我国货币政策操作框架与全球货币政策操作框架的差异性，总结了我国货币政策调控的实践经验，提出了我国货币政策框架转型和治理的方向。何德旭和冯明（2019）[185]从我国货币创造机制和货币政策目标、工具、规则和传导渠道五个维度分析了我国货币政策框架的变迁历史和特征。该研究认为，我国货币政策创造机制正在发生深刻变化，货币政策目标之间的矛盾出现冲突，中介目标开始由数量型向数量型和价格型并重，多种新型结构性货币政策工具协调发展的相继抉择模式转变，并据此提出了我国面临国内外经济金融形势重大变化背景下货币政策框架面临的四大挑战和货币政策框架转型方向及应对策略。张明、朱子阳和高蓓（2020）[186]从我国货币政策操作最终目标、中介目标、货币政策传导机制和基础货币发行机制四个方面分析了我国货币政策操作框架，并提出了我国货币政策操作转型的建议。何青、冯浩铭和余吉双（2021）[187]基于经典货币政策国际协调的博弈理论视角，分析了新冠疫情冲击下，各国货币政策协调存在的问题。该研究认为，此次新冠疫情冲击下各国货币政策协调效果较差，发达国家普遍采取了非合作均衡策略，即便是存在为数不多的货币政策协调，也缺乏实际执行力，在深度和广度上存在明显不足；并基于此，提出了我国的货币政策治理思路，即应该在“一带一路”倡议框架下建立货币政策协调机制，借力国际货币基金组织和G20等平台发挥发达国家与发展中国家之间的桥梁纽带作用，更加积极主动地融入货币政策国际协调中。

8.2 中美两国货币政策国际协调

分析两国货币政策协调最常用的方法是博弈论，最早由Hamada（1976）[5]引入。后续的研究基本沿用了该方法，进行了适当的修正。基于该博弈分析框架基础，建立中美两国货币政策国际协调的政策反应模型如图8-1所示。

图8-1中，横轴表示外国（美国）货币政策操作，纵轴表示本国（我国）货币政策操作，正方向均表示正向扩张性货币政策（如美国的量化宽松货币政策）。货币政策操作的目标效用函数以无差异曲线形式表现。当受到外界负面冲击时（如金融危机、新冠疫情等），中美双方都希望对方维持不变的货币政策，而自己通过信贷宽松（如量化宽松、降息等）、货币贬值等扩张性货币政策实现

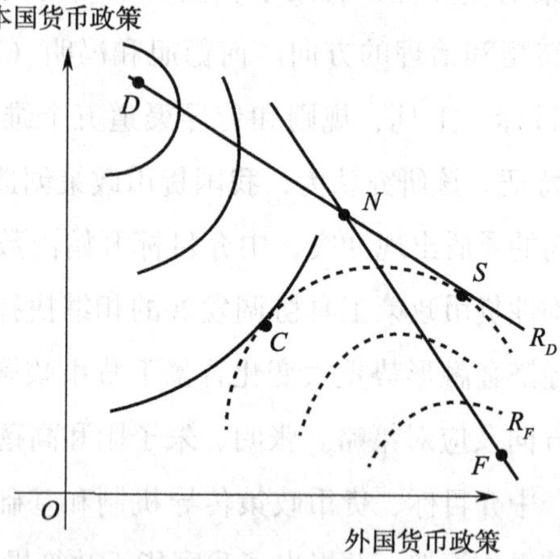

图8-1 中美两国货币政策博弈示意（危机冲击导致经济紧缩时）

本国经济更好的复苏。而当经济过热时，双方总是希望对方仍然维持原来不变的货币政策，而本国采取紧缩性货币政策。给定任意一种美国货币政策选择的垂直线，当垂直线与我国无差异曲线相切时，该切点就是我国最优货币政策反应，将所有切点连接起来的函数就是我国的最优货币政策函数。

以中美两国受到金融危机或新冠疫情冲击为例。当中美两国受到外界负面冲击导致经济收缩时，双方都期望对方维持不变货币政策，而本国采取宽松货币政策。此时，图8-1中的D和F分别表示国内和国外最优点，R_D和R_F分别表示国内和国外的政策反应线。由博弈论中的古诺模型可知，中美两国同时进行决策，且同时在中美两国各自的反应线上进行决策。基于理性人假设，中美两国都清楚对方会选择利己的策略，最终的博弈结果就是实现纳什均衡（N为中美两国货币政策博弈的纳什均衡），无法实现帕累托最优。进一步地，即便是美国作为货币政策操作领导者，我国作为跟随者，此时博弈模型则演变为斯塔克尔伯格模型。美国将会预料到我国央行货币政策做出的反应，将直接选择我国货币政策反应线上能达到的美国最高无差异曲线切点的纵坐标，实现此时中美两国货币政策博弈的均衡点为S（中美两国货币政策博弈的斯塔克尔伯格均衡）。而事实上，中美两国完全可以通过货币政策的协调，实现整体福利的最大化，达到帕累托最优点（C则为中美两国货币政策国际协调的均衡点）。

从上述博弈结果可知，无论是纳什均衡点，还是斯塔克尔伯格均衡，均没有实现整体福利水平的最大值均衡点 C（帕累托最优）。因此，要实现中美两国货币政策整体福利水平的最大值，必须较好地进行中美货币政策国际合作。

8.3　我国货币政策治理体系构建（中国方案）

当前全球经济复苏进程中面临不平衡、不充分现象，不同国家和地区、不同行业和企业、不同就业群体以及金融和实体经济间的分化加大，世界各国疫情持续发酵或反弹进一步增加了经济恢复的不确定性。在此背景下，我国必须密切关注国际经济金融形势的变化以及主要发达经济体货币政策可能进行的调整转向，采取适合我国的货币政策操作机制，构建适合我国经济发展的大国货币政策治理体系。基于此，我们提出我国货币政策治理体系的主要原则仍然是在坚持货币政策的国际协调基础上，开展“以我为主”的货币政策操作机制。具体而言，我国货币政策治理应该采取两种战略机制。一是通过中美两国货币政策之间的协调与合作，实现双方的互利共赢，实现福利最大化（帕累托最优）；二是在无法实现中美两国货币政策协调的情况下，如果美国单方放弃相互协调而采取“利己主义者”货币政策，对我国产生不利的溢出效应，我国也应该积极主动作为，采用强有力的反击。据此提出我国货币政策治理体系框架如图 8－2 所示。

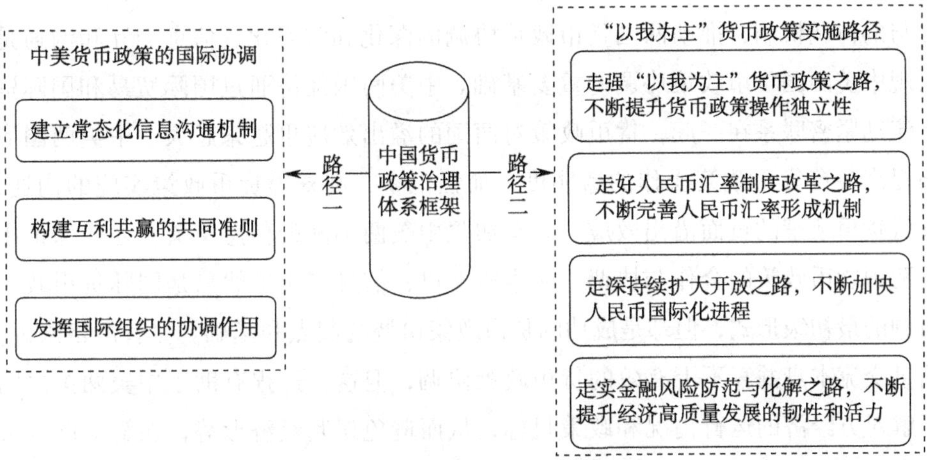

图 8－2　我国货币政策治理体系框架

8.3.1 中美货币政策的国际协调路径

在全球经济日益开放的新时代，各国实施的经济政策或多或少会对其他国家产生溢出效应，所以各经济大国之间进行政策协调，加强政策沟通就显得非常必要。作为世界最大的两个经济体，中美两国经济依赖性强，互补性高，做好两国货币政策的国际协调可以提升双方货币政策带来的福利水平，避免两国自行其道进行货币政策操作带来的负面溢出影响。因此，中美两国更需要做好货币政策协调与合作，也需要承担更多的国际责任，重视协调政策对第三方国家或地区的溢出效应。具体而言，中美两国货币政策协调除了考虑本国利益和合作伙伴利益，还应该考虑其他国家和地区的利益，特别是经济实力处于弱势的小国利益。只有在制定本国货币政策时，考虑到对他国经济的溢出效应，扮演负责任的大国角色，才能获得其他国家的尊重和拥护，才能促进世界经济的稳定和繁荣，最终使本国和其他国家共同受益。我国作为负责任的大国，在货币政策实践中，有必要主动积极地推动货币政策操作的国际协调，加强与世界各国的合作，尤其是与美国之间的沟通协调与合作，共同维护全球经济的可持续发展。

(1) 建立中美两国货币政策协调的常态化信息沟通机制

随着中美两国宏观经济依赖程度的加深，中美两国需要在货币政策方向、国际金融监管、经常账户失衡等众多问题上加强协调与合作，这就要求中美两国在已有的对话机制基础上，进一步丰富协调层次，建立多层次、多部门共同参与的协调机制，推动两国货币政策协调的深化和常态化。信息交互和沟通是实现中美两国货币政策协调的重要基础。中美两国经济通过国际贸易和国际资本流动紧密联系在一起，货币政策对两国的溢出效应也越来越大。中美两国应该提高各自货币政策操作的透明度，加强汇率、利率等货币政策实施的沟通，降低货币政策的负面溢出效应。只有加强中美两国间的信息交流，才能保证中美两国货币政策的合作与协调。从本质上讲，信息交流虽然只是国际货币政策协调的最初级形式，但却是成功的货币政策协调的起点和基础。尽管严格来说，信息交流本身并算不上有效的货币政策协调，但这一过程有助于中美两国之间了解对方经济的运行情况和政策目标，从而避免误判经济形势，误解他国政策目的，找出两国货币政策分歧的原因，便于双方采取方向一致的货币政策行动，推进彼此间货币政策的协调，共同维护两国共同利益，减少货币政策溢出带来的负面影响。

（2）构建互利共赢的中美货币政策国际协调共同准则

遵守一定的货币政策操作准则，是货币政策国际协调的重要手段。中美两国应该在国际贸易、资本管制、汇率制度等方面建立合适的共同准则，推动两国货币政策之间的更好协调。在国际贸易领域，中美两国应该以实现内外部平衡为基础，防止因汇率失调导致的经常账户失衡，减少因贸易失衡而引发的汇率操纵；在国际资本流动领域，加强对资本流出和有风险的国际借贷的管理，防止出口金融不稳定风险。建立这些共同准则的主要目的是在督促中美两国在确保实现国内目标的同时，放弃采取那些会给对方带来巨大负面溢出效应的政策，在大范围货币政策协调无望的情况下，改善中美两国的共同福利，维护中美两国经济的稳定发展。

（3）发挥国际性组织在货币政策国际协调中的积极作用

在中美货币政策协调中，需要积极发挥好第三方国际组织的作用。特别是要加强国际货币基金组织、世界银行、国际清算银行和金融稳定理事会等超主权机构在中美两国货币政策协调中的作用，仲裁中美两国在汇率操纵、经常账户失衡和贸易保护问题上的争端，帮助陷入危机的其他国家实现经济复苏，指导全球范围内各国制定货币政策协调的具体规则和协议，并监督保障各项规则的实施。依托国际性组织和机构，帮助弥合中美两国货币政策操作之间的矛盾，规避货币政策操作的对立，客观评估中美两国货币政策的溢出效应，提出可供选择的政策组合，制定货币政策的通用准则以增加福利。作为我国而言，则需要更多地学会运用和参与制定全球性国际组织的货币政策协调规则，通过与各国央行间的货币合作等手段，积极发挥我国在国际性货币政策协调中的作用。同时也需要通过进一步扩大开放、深化改革的行动传递我国开展货币政策国际合作的态度，积极倡导与“一带一路”沿线国家、新兴经济体国家的合作，共同探讨和制定国际货币政策合作的规则和机制。

8.3.2 “以我为主”货币政策实施路径

在兼顾中美货币政策协调基础上，也需要重视“以我为主”的货币政策总基调（中国人民银行货币政策分析小组，2020，2021）[188-194]，注重改革创新活力的激发与深化，寓改革于整个货币政策调控之中，通过发挥好我国结构性货币政策工具牵引带动作用，持续推进汇率市场化改革，保持人民币汇率弹性，加强预期管理，发挥汇率调节宏观经济和国际收支自动稳定器作用，实现我国货币政策操作内部均衡与外部均衡的平衡，规避美国单方面破坏国际合作带来的负面冲击。

（1）走强“以我为主”货币政策之路，不断提升货币政策操作独立性

当前，我国经济持续向好，改革红利不断释放，经济发展稳健有序。在此背景下，我国应当始终坚持稳健的货币政策取向，推动稳健货币政策常态化运行，同时根据国内外疫情防控形势和经济金融发展情况，有效把握货币政策操作的力度和节奏，畅通货币政策传导渠道和机制，维护流动性基本稳定，从而提高金融支持我国实体经济发展的能力，夯实我国经济高质量发展基础。充分发挥供给侧结构性改革作用，积极构建以国内大循环为主体，国内国际双循环相互促进的新发展格局，通过调整经济结构，提高经济发展质量，减少经济增长对出口部门的依赖，落实以国内大循环为主体，国内国际双循环相互促进的发展战略，积极主动扩大进口，优化出口产品的结构，逐步降低对美贸易顺差，夯实我国经济高质量发展基石。

（2）走好人民币汇率制度改革之路，不断完善人民币汇率形成机制

人民币汇率双向波动是国内外经济形势、国际收支状况及国内外外汇市场变化共同作用的结果，合理反映了外汇市场供求变化，发挥了调节国际收支和宏观经济自动稳定器作用，促进了内外部均衡，扩大了我国自主实施正常货币政策的空间。未来人民币汇率双向波动将会是常态，人民币既可能升值，也可能贬值，没有任何人可以准确预测汇率走势。因此，我国需要继续坚持以市场供求为基础、参考一篮子货币进行调节、有管理的浮动汇率制度，发挥市场供求在汇率形成中的决定性作用，实现人民币汇率以市场供求为基础的双向浮动，增强人民币汇率弹性，保持人民币汇率在合理均衡水平上的稳定。加强宏观审慎管理，稳定市场预期，合理使用货币政策工具，通过多种方式合理引导社会预期，引导企业和金融机构坚持“风险中性”理念，指导金融机构基于实需原则和风险中性原则为企业提供汇率风险管理服务，增加外汇市场上直接交易的

货币对数量，发展人民币对主要货币的衍生品市场，创新更多的金融产品，形成央行与市场的有效沟通机制，搭建更有广度和深度的外汇市场，运用多层次、多元化的外汇市场来发现价格和分散风险，在市场层面通过充分的信息沟通，引导市场形成理性的汇率预期，维护外汇市场平稳健康发展。同时，还需要充分发挥我国巨额外汇储备的功能性保障作用，维护人民币汇率在合理均衡水平上的基本稳定，夯实人民币的国际信用基础。

（3）走深持续扩大开放之路，不断加快人民币国际化进程

推动金融市场高水平双向开放，丰富风险对冲工具，提高境外主体配置人民币金融资产的便利化水平，支持境外央行、货币当局和储备管理部门配置人民币储备资产，拓展人民币的储备和投资货币功能，夯实人民币国际化基础。深化对外货币合作，发展离岸人民币市场，持续审慎推进人民币国际化，通过跨境贸易投资高水平开放试点，稳步推进人民币资本项目可兑换，完善人民币跨境使用的政策框架和基础设施，提高人民币在跨境贸易和投资使用中的便利化程度。优化境外人民币清算行制度，充分发挥人民币清算行在便利海外人民币投融资、培育离岸人民币市场、提供人民币流动性支持等方面的作用。加强人民币跨境支付系统（CIPS）建设，提高人民币清算结算的安全性和效率，完善人民币跨境收付信息管理系统（RCPMIS）建设，进一步完善 RCPMIS 系统信息采集和统计分析功能。加强跨境资本流动宏观审慎管理和非现场监督能力建设，严厉打击地下钱庄、跨境赌博等非法金融活动，重点查处虚假欺骗性交易，引导资本流入国内实体经济，有力维护外汇市场良性秩序，扎实推动“以我为主”货币政策的实施。

（4）走实金融风险防范与化解之路，不断提升经济高质量发展的韧性和活力

在金融风险防范与化解方面，我国要做到“打铁必须自身硬”，通过优化营商环境、制度创新等举措走实金融风险防范与化解之路，不断提升我国经济发展的韧性和活力，以经济高质量发展化解各类金融风险。针对利率、汇率等各类价格波动带来的风险，需要充分利用大数据等技术手段建立起有效的风险识别与监控模型，做到风险的早预防、早发现、早处置，将各类风险扼杀在萌芽的摇篮中。同时，还需要全力做好经济发展过程中存量风险的化解工作，推动

经济高质量发展，防止在这些存量风险处置过程中引发次生金融风险。通过不断完善我国资本市场体系建设，积极推动债券市场的发展，形成有利于我国风险化解的资本市场体系。通过金融监管及其制度的完善，提升我国金融体系的抗风险能力，增强我国金融发展的稳定性，不断提升金融服务实体经济高质量发展的活力。

9 案例剖析：中美政策差异化背景下我国货币政策操作策略

本章在2018—2019年中美两国政策差异化背景下，围绕2018年和2019年美联储“加息＋缩表”双重叠加效应和中美贸易摩擦等政策不确定性，以及国内货币政策环境的变化，从内外两个层面剖析了我国货币政策操作所面临的主要难题，并据此提出了我国应对美联储政策不确定性的货币政策操作策略，以期在当前美联储启动新一轮加息缩表政策背景下，为我国货币政策操作策略提供借鉴。一是立足宏观上要稳的思路，继续保持货币政策的稳健中性；二是立足微观上要活的思路，充分发挥货币政策工具操作的灵活性；三是立足不发生系统性金融风险的主基调，充分发挥宏观审慎评估作用来化解重大领域金融风险；四是立足“渐进开放与恰当管理相融合”的主策略，持续推进金融改革开放；五是立足“静观其变、后发制人”的巧策略，稳健推进人民币汇率制度改革的货币政策操作思路。

9.1 引言

2008年国际金融危机后美联储通过实施多轮量化宽松货币政策基本扭转了危机时期颓废的经济增长趋势，为美联储货币政策回归常态、开启加息政策铺垫了基础。“加息”作为一种对金融活动实施更广泛监管的手段，被认为是化解2008年国际金融危机以来全球量化宽松货币政策操作所带来的资产价格泡沫问题的有效手段而被世界主要国家广泛采用。2015年12月，美联储宣布将联邦基金利率上调25个基点，开启了2008年国际金融危机后的首次加息，此后美联储依然没有停止加息脚步，反而延续并加快了加息的节奏，在2017年12月加息的基础上于2018年3月和6月再次将利率分别上调25个基点至2%水平，在2018

年下半年的9月和12月又分别进行了两次加息，将利率从2018年初的1.25%~1.5%上调至2.25%~2.5%，尽管在2018年12月美联储的议息会议上美联储改变了以往“渐进式”加息的表述①，但依然没有扭转当时人们对美联储可能在2019年内以及2020年的强烈加息预期。美联储的不断加息及其宣示出的强烈加息预期效应（学界普遍预期美联储加息将会持续到其利率水平达到2.5%的正常中性利率水平与2.9%的长期中性利率水平，而2019年末和2020年末的联邦基金利率预期中位数分别为2.9%和3.1%）触动了当时全球范围内的“加息锦标赛”，英格兰银行于2017年11月2日率先决定将基准利率上调25个基点至0.5%，紧接着又在2018年8月2日将基准利率上调25个基点至0.75%，韩国中央银行于2017年12月将基准利率从1.25%上调至1.50%，后又于2018年11月30日将基准利率上调25个基点，加拿大银行于2018年1月17日宣布将基准利率上调25个基点至1.25%，又在2018年内连续上调2次利率至1.75%，土耳其央行于5月24日宣布加息300个基点，又在6月和9月分别加息2次，将利率上调至24%，阿根廷则在8天内进行了3次加息，2018年内总共加息5次，印度央行、墨西哥央行等也在2018年纷纷进行了加息，此外，当时还有许多国家正在观望或启动本国的加息方案以应对美联储加息。

显然，在各国央行纷纷加息导致全球货币政策收紧和美联储当时强烈加息预期的背景下，我国央行并没有采取直接调整存贷款利率的方式予以应对，而是不断通过调整中期借贷便利和逆回购等结构性货币政策工具的应用来应对美联储加息。但是，社会各界有关我国是否会跟随美联储加息节奏的加快而被迫进行加息以及何时加息等还是存在较多的争议。2018年初相关学者指出，由于2017年以来工业产品价格和企业利润的不断提升，我国存在短期内加息的空间（一次可能的加息）以削减工业企业过剩产能，以此手段来抑制不顾借贷成本的企业的债务扩张和加杠杆行为，从而进一步提升企业的投资回报。原华泰证券首席宏观分析师则认为，从央行的实践来看，央行可能会跟随加息一次。法国外贸银行相关人士则表示，2017年中国金融市场和企业并没有完全消化掉前期

① 2018年12月美联储的议息会议透露，美联储在2019年将预期加息次数由3次下调为2次，2020年将维持加息1次不变。

美联储加息以及由此引起的我国央行被动加息①带来的影响，因此认为2018年乃至2019年加息的可能性不大，事实也证实了2018年我国央行并没有进行加息操作。有学者认为，美联储加息带来的汇率变动将会对资本流动造成影响，但是中国央行加息与否关键是要看我国经济基本面的情况，结合当时我国在资本流动管理方面有比较成熟和有效的做法，他认为央行可能对货币政策加息方面的考虑会少一些，而更多关注其他方面需求。也有学者认为，从货币政策收紧角度来看加息是没有必要的，但是从汇率资本流出方面，则存在加息的可能性，具体到2018年下半年以及2019年是否加息还要看美国加息步伐②。

显然，在2018—2019年美联储货币政策和中美贸易摩擦等不确定性政策影响的背景下，要客观回答我国在2019年及之后的一段时间内是否存在追随美联储加息的可能，以及我国货币政策如何应对这种不确定性，我们首先需要客观地来评估当时货币政策面临的内外部环境，然后基于客观的内外部环境分析我国货币政策面临的现实挑战，并具有针对性地预判2019年及之后的一段时间内我国货币政策可能的操作取向，提出化解策略，并为新冠疫情及后疫情时代美联储加息背景下我国货币政策操作提供经验借鉴。

9.2 2018—2019年我国货币政策操作面临的外部环境分析

美联储加息、缩表、贸易战等无法避免的外部因素所产生的磁吸效应在2018年正处于不断积聚的时期，并开始影响和改变着我国当时的货币政策操作的外部环境，使我国货币政策操作面临巨大的外部不确定性。

9.2.1 美联储“加息+缩表”双重政策效应的叠加

在当时的“美国利益第一”思想的主导下，美联储为实现其自身货币政策操作目标，不断通过加息和缩表等有别于前期超常规量化宽松货币政策的手段，

① 主要表现为2018年我国3月期上海同业拆借利率、中期借贷便利和逆回购利率等市场化利率的上升。

② 他认为，如果2019年美国加息4次，我国有可能跟随，但如果只是加息3次，有可能就不跟随，如果仅加息2次，我国肯定不会加息。

向全球溢出货币政策操作效应，着实让世界各国货币政策当局为之担忧，同时也给各国央行货币政策操作蒙上了诸多不确定性，使我国在货币政策操作上承受较大的外部政策环境变化带来的负外部政策溢出效应。

从当时外部环境来看，美联储为规避后危机时期长期利率过低可能导致的收益率曲线倒挂和大量超额准备金可能造成的潜在通胀问题，以及2008年国际金融危机后超常规量化宽松货币政策引发的资产负债表过度扩张可能会导致其控制短期利率能力下降问题，除了开启加息手段之外，美联储于2017年10月又开启了“缩表”计划，将其作为退出量化宽松货币政策的延续策略。根据美联储2017年6月公布的《政策正常化原则和计划附录》方案，美联储采用了“上限额度”模式进行缩表，缩减规模上限每季度增加一次，国债和抵押支持证券（MBS）缩减规模的增幅分别为60亿美元和40亿美元，直至每月缩减规模上限达到300亿美元和200亿美元。据张启迪和陈颖（2018）[195]测算，2018年美联储的缩表规模为4000亿美元左右，此后的五年内缩表规模在2万亿美元左右。另据《21世纪经济报道》数据，截至2019年2月13日，美联储缩表金额已经达到4309亿美元，美联储资产规模仍高达4.03万亿美元，印证了张启迪和陈颖（2018）[195]的测算。一方面，美联储持续缩表产生的预期效应助推了美国长期利率的上升，使美元对欧元、日元、人民币等其他主要货币的利差持续扩大，进一步提升了美元资产的吸引力，在磁吸效应的作用下，全球资本加速回流美国。另一方面，美联储缩表使美元的升值趋势进一步得到加强，2018年全年美元指数上涨4.4%，各国货币相对美元汇率出现迅速恶化，英镑2018年全年贬值5.59%，新兴经济体贬值幅度更大，印度卢比贬值8.24%，俄罗斯卢布贬值17.25%，巴西雷亚尔、阿根廷比索和土耳其里拉贬值幅度分别达到14.65%、50.57%和28.34%。我国也不例外，2014年9月—2016年底和2018年4月—10月人民币经历了两轮明显的贬值，尽管人民币兑美元汇率在2018年10月触底回升，但2018年全年贬值幅度依然超过5%（见图9-1）。

在2018—2019年美联储“加息+缩表”的货币政策溢出冲击下，我国人民币汇率出现了较为明显的波动。为缓解人民币汇率的过度波动，降低人民币汇率的下行压力，我国央行采取灵活、多样的货币政策工具，通过中期借贷便利（MLF）、抵押补充贷款（PSL）等新型结构化货币政策工具代替以往的降准予以

图 9－1　人民币兑美元汇率中间价（2014 年 1 月—2019 年 3 月）

（数据来源：Wind）

积极的应对和调整，对维护当时人民币汇率过度波动和人民币汇率下行压力起到了有效的作用。但同时，基于持续的结构性货币政策微调，MLF 和 PSL 余额变得越来越大，结构性货币政策调整对我国人民币汇率波动的积极缓解效应有所降低。在美联储加息和缩表进一步加大的背景下，我国长短期资本开始一定程度地向美国回流，国内流动性出现进一步趋紧现象，一些应对能力相对较弱的机构和企业出现了债券违约现象，在一定程度上对我国实体经济产生了影响。面对这一情况，央行积极发挥我国巨额外汇储备的作用，通过主动投放外汇储备到外汇市场，缓解外汇市场上外汇供需的不平衡，起到维护外汇市场的稳定作用，这也可以从 2018 年我国外汇储备出现了一定程度下降予以佐证（见图 9－2）。在我国央行政策的积极作用下，人民币汇率在 2017 年底到 2018 年初这段时间内保持了合理范围内的波动，甚至还出现了一定程度的升值态势。但由于美国进入"加息＋缩表"周期，人民币贬值的预期和贬值压力仍然较大。

显然，从外部环境来看，美联储"加息＋缩表"双重货币政策操作效应必将会通过利率和汇率渠道向全球产生溢出效应，其结果是，全球股票市场、债券市场、外汇市场和大宗商品市场面临剧烈调整，全球资本尤其是新兴市场资金继续回流美国，造成新兴经济体出现资本外逃现象，并给新兴经济体的外汇市场、金融市场以及经济复苏带来严重的不利影响。

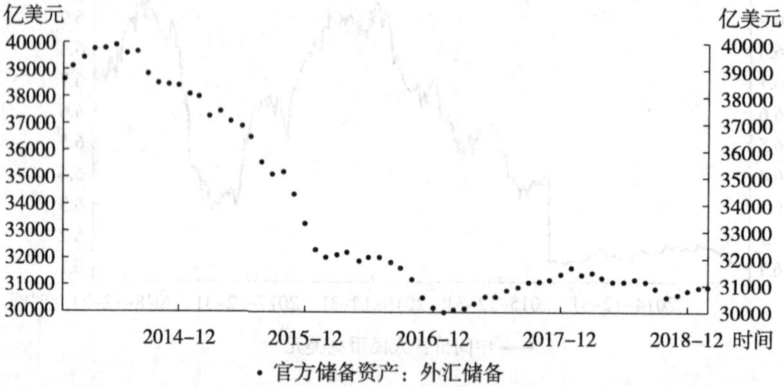

图9－2　我国外汇储备变化情况（2014年1月—2019年2月）

（数据来源：Wind）

9.2.2　特朗普政府贸易保护主义的持续发酵

贸易摩擦源于特朗普政府的贸易保护主义，而贸易保护主义显然已不是什么新鲜事，特朗普早在竞选初期就旗帜鲜明地表达了其贸易保护主义的立场（吴秋君和马俊炯，2018）[196]，其上任之后推出的诸如退出“跨太平洋伙伴关系协定”（TPP）、对美国和墨西哥边境修隔离墙、重启NAFTA谈判以及大幅度减税等政策就是其贸易保护主义行为的延续（潘锡泉，2017）[90]。2018年，这种贸易保护主义的势头不仅没有减弱，反而进一步加剧（见表9－1），直接导致中美贸易摩擦的持续升级，甚至可以说已经到了非常危险的地步，迫使中美双方不得不坐下来谈判。

表9－1　美国采取的贸易保护措施

时间	具体措施
2018年1月1日	对进口光伏产品和大型洗衣机分别征收为期4年和3年的最高税率为30%和50%的关税；公布国家安全调查（232调查）报告，认定进口钢铁和铝产品有损国家安全，建议对于所有出口铝到美国的出口国征收至少7.7%的关税，对中国则征收23.6%的关税

续表

时间	具体措施
2018 年 2 月 16 日	美国商务部宣布从中国进口的铸铁污水管配件存在倾销行为，将征收高幅度保证金
2018 年 2 月 22 日	美国商务部正式对原产于泰国、中国和斯里兰卡的橡皮筋发起反倾销反补贴调查
2018 年 2 月 28 日	特朗普指责中国已成为 WTO 成员 16 年，但尚未采取所有 WTO 成员所期待的市场经济体系，将使用一切可能的工具来阻止中国削弱真正的市场竞争
2018 年 3 月 1 日	特朗普宣布为重振美国钢铁和铝产业，决定将对所有来源的进口钢铁和铝产品全面征税，税率分别为 25% 和 10%
2018 年 3 月 7 日	特朗普政府提出，将美国对中国贸易逆差减少 1000 亿美元
2018 年 3 月 23 日	美国贸易代表办公室公布对中国 301 调查报告，并基于此推出针对中国的限制措施
2018 年 4 月 3 日	美国提前公布针对中国的 301 关税产品清单，建议对清单上产品征收额外 25% 的关税
2018 年 4 月 10 日	美国商务部公布对中国冷拔机械管反倾销调查仲裁结果，裁定张家港华程进出口有限公司倾销税率为 44.92%
2018 年 4 月 17 日	美国商务部宣布今后 7 年内，将禁止美国企业向中国电信设备制造商中兴通讯出售任何电子技术或通讯元件
2018 年 5 月 29 日	美国发布策略性声明，仍将对约 500 亿美元中国输美重大工业技术产品征收 25% 的关税
2018 年 6 月 15 日	美国发布加征关税商品清单，对从中国进口的约 500 亿美元商品加征 25% 的关税，其中 340 亿美元商品从 2018 年 7 月 6 日开始实施加征关税
2018 年 7 月 11 日	美国政府发布对从中国进口的约 2000 亿美元商品加征 10% 关税的措施
2018 年 8 月 2 日	美国贸易代表声明称拟将加征税率由 10% 提高至 25%
2018 年 9 月 17 日	美国政府将会启动“第三阶段”对约 2670 亿美元的中国产品加征关税，并宣布于 9 月 24 日起对约 2000 亿美元中国产品加征关税，税率为 10%，2019 年 1 月 1 日起将税率调整至 25%

然而，从特朗普政府推出的贸易政策来看，无论是针对中国 1500 亿美元商品征收高额关税，还是针对中国发起“301 条款”，公布对中国“301 调查报告”，抑或是推出所谓的“第三阶段”针对中国的限制措施，从本质上来说，这是企图遏制我国高技术产业发展，从而遏制中国的全面崛起。2018 年 5 月，中美两国在华盛顿的谈判中达成了共识，后续两国元首决定停止升级关税等贸易

限制措施，避免了中美贸易战进一步升级为金融战的可能，使中美经贸关系的较量趋于缓和，但美国一直以来反复无常的行为令中美两国在政策取向上面临较大的不确定性①，贸易争端和贸易摩擦可能会持续出现。从我国当时实际情况来看，当时货物贸易顺差占 GDP 比率已经降至很低水平，且 2018 年第一季度数据显示贸易顺差仅为 483.9 亿美元，同比收窄 21.8%，经常账户逆差 282 亿美元，出现多年来的首次逆差，而国家统计局数据显示，2018 年全年进出口相抵后，顺差仅为 2.3 万亿美元，同比收窄 18.3%。根据当时中美双方达成的初步性框架协议来看，中国承诺会加大对美国能源及农产品的进口，这必然导致短期内我国贸易顺差出现进一步下降，贸易摩擦给我国未来出口带来了较大不确定性，造成外需对经济的边际拉动作用减弱，甚至还影响到了投资者的情绪，由此一来，经济增速在短期内也必然进一步回落，已然扭转了 2017 年进出口部门对经济增长的贡献由负转正的良好局面，且这种顺差收窄的趋势一直延续到了 2019 年，这给我国当时实体经济“稳增长”带来了严峻的挑战。

9.3 2018—2019 年我国货币政策操作面临的内部环境分析

9.3.1 货币政策操作环境的悄然改变

当时的国内货币政策环境正在悄然发生改变，货币政策操作中介目标的转变，给当时货币政策操作提出了更高的要求。随着利率市场化的推进，我国货币政策中介目标俨然已发生重大变化，2015 年存贷款利率上下限完全放开，央行更加主动地偏向于通过 MLF、SLF 等结构性货币政策工具调控政策利率继而影响市场利率，传统的以数量型调节为主的货币政策操作显然已经不再是当前货币政策操作的主要手段，取而代之的则是以利率为主导的价格型货币政策操作方式（彭兴韵，2018）[197]。事实上，2018 年政府工作报告中首次未设 M2（广义货币）增长目标，也被认为是货币政策向价格型调控转向的表现。我们更

① 2018 年 5 月谈判结束后的 5 月 29 日美国白宫发表声明称，在 6 月 15 日前公布总额约为 500 亿美元的中国输美重大工业技术产品清单，并将对其征收 25% 的关税。

需要从广义货币的数量变化慢慢转到对价格的关注，货币政策的松紧不能仅关注数量水平的变化而更应该统筹考虑价格水平和通货膨胀率来进行判断。但是，我们也应该注意到，在货币政策调控从数量型向价格型转变的过程中，虽然市场对利率调整愈发重视，但是纯粹价格型调控还需时日，未来较长一段时间内都将是价格型和数量型两种货币政策操作模式并存，以价格型主体作用的发挥和数量型辅助作用的助力来共同实现货币政策操作目标（潘锡泉，2015）[198]。

9.3.2 “房产货币化”对实体经济产生挤出效应

何为“房产货币化”？居民通过存款、购买理财产品等方式将钱交给银行和机构，银行和机构将钱贷给房产商，房产商拿到资金后高价买地、建楼，然后将房子高价卖给居民，更多的资金通过资管通道流入，房产商拿到更多的贷款，政府以更高的地价拍卖给房产商，辅之货币化的拆迁政策向市场注入货币，推动房地产市场的过度繁荣，房产商以更高的房价将房子卖给居民，抬高居民杠杆，加剧房价泡沫，这个正向循环的金融链条我们称为“房产货币化”。房地产本属于实体经济范畴，然而，当房产被赋予了金融属性之后，房价就成了一个不折不扣的金融游戏。2016 年，经过“房产货币化”之后，房地产泡沫就开始形成，严重的金融资源错配和房地产市场过多地固化存量货币和吸收增量货币，导致那些对货币资金有着超强劲需求的实体经济部门得不到应有资源的配置(潘锡泉，2017)[137]，使经济“脱实向虚”现象变得日趋严重，实体企业由于金融资源配置不足出现倒闭、外资企业撤离的现象，直接冲击我国产业升级和高科技发展的根基，对金融支持实体经济发展产生一定的挤出效应。

与此同时，政府为化解房地产货币化所导致的资产价格泡沫风险和实体经济“空心化”问题，提出了“去库存”“去杠杆”的供给侧结构性改革，有效地降低了一些部门的债务和杠杆，但居民大量涌入房地产市场，使居民部门杠杆率出现明显上升。数据统计显示，截至 2018 年底，个人住房贷款余额达到 25.75 万亿元，占到居民总贷款的 54% 左右，相较于 2017 年同比增长了 17.8%，2018 年我国居民杠杆率超过 50%，达到 53.8%，相比于 2017 年上升了 3.8 个百分点，居民储蓄存款增长与可支配收入之比从 2010 年的 25.4% 下降至 2018 年的 10% 左右，降幅达到了一半；而与此同时，居民家庭债务占 GDP 的比重已升至49%，几乎占了GDP的一半。2018年公布的金融数据则进一步显示，家庭部门贷款与居民储蓄存款的比率由2007年的25%左右上升至当时的60%以上。同时，2018年的市场信贷需求依然旺盛，其中人民币贷款增加16.17万亿元，同比多增2.64万亿元。这些数据表明，居民当时对于购房的需求较为强劲，继而对贷款仍然存在较大的潜在需求。然而，进入房地产市场的资金进一步加剧了“房产货币化”趋势，使得房地产市场更多地吸纳了货币资金，让原本已经趋紧的流动性进一步受到影响。与此相对的是，沉重债务负担使未来消费和投资增长承压，增加潜在的经济金融风险。地方政府债务高企，地方政府借由政府和社会资本合作（PPP）、政府购买服务、政府投资基金等方式形成了不少隐性债务，其体量已经超过甚至数倍于显性债务，债券市场的违约潮蜂拥而起。仅2018年4月，全国出现违约的债券就达到了16只，涉及金额高达130亿元，2018年全年违约债券达到52只。再从负债率来看，银行第一，非银金融第二，第三则是房地产。Wind数据显示，截至2018年底，房地产公司的整体负债率已达79.46%，创下2005年以来的新高。与此同时，2018年的A股市场也出现了大量上市公司各种不同名目的逾期，涉及的股东股份被冻结或正在被司法拍卖。

9.4 我国货币政策操作面临的现实困境

美联储“加息+缩表”带来的双重溢出效应、贸易摩擦的不确定性导致资本外流、人民币汇率贬值以及国内货币政策环境的变化和房地产市场的过度货币化对实体经济产生挤出效应等现实问题，使我国货币政策操作在实践中面临“稳增长”还是“抑通胀”、“紧货币”还是“宽货币”之两难选择。

9.4.1 “稳增长”还是“抑通胀”?

经过前期的供给侧结构性改革，2017—2018年我国宏观经济似乎进入一个波动率下降、各种指标较为稳定的平台期。然而在貌似平静的水面之下，实则暗流涌动。宏观经济的各方面均呈现出分化加剧的态势，缓解流动性紧张和“稳增长”成为当时重要的货币政策操作目标，这就要求适度宽松的货币政策与之相契合，也就意味着货币政策要趋松。但问题是，截至2019年2月，广义货币M2达到186.7万亿元，市场存量货币的规模已然很庞大，且过多地被固化在国有企业、资本市场和房地产市场（尤其是房地产市场）。经过2017—2018年“强监管、去杠杆”改革，政府部门和企业部门的杠杆率增速明显放缓，且开始出现了一定的下降，其中，2017年实体经济杠杆率增速相比以往明显放缓，仅微升3.8个百分点，而2018年实体经济总杠杆率则出现了下降，由2017年的244%下降为243.7%。数据统计显示，截至2018年底，非金融企业部门杠杆率下降为153.6%，较2017年下降4.6个百分点，是继2017年首次下降以来的较大幅度下降；政府部门杠杆率为37%，基本持平。股票市场和债券市场的泡沫似乎也已经得到一定的挤压，金融部门杠杆率方面，资产方杠杆率由2017年的70.3%下降到2018年的60.6%，负债方杠杆率由2017年的63.4%下降到2018年的60.9%，降幅分别达到9.6和2.5个百分点，但是居民部门的杠杆率却出现了急剧上升，2018年底居民部门杠杆率为53.8%，较上年高3.8个百分点，房地产市场泡沫是推高居民杠杆率的主要因素。事实上，当时没有出现通货膨胀现象，笔者认为，很大程度上在于房地产市场泡沫的不断吹大，固化和吸收了大量货币，出现货币钝化效应，内化了通货膨胀。所以，为了缓解流动性紧张和“稳增长”目标的实现，一旦货币政策趋于宽松，房地产这个“蓄水池”早已水漫为患，再放水就有“溃堤”的风险。那么，哪些地方还能蓄点水呢？似乎只有内需了，这意味着消费价格会上涨。那么，这种通货膨胀主要来自哪里呢？显然是源自国际大宗商品价格的上涨，尤其是以石油为代表的大宗商品①，其作为工业生产和食品加工等行业的重要原料，必然会带动许许多多相关商品价格的上涨，这种价格上涨最终会反映在商品的零售价格和生活必需品上，消费者会因此多付出很多成本，引发输入性通货膨胀。如果为了抑制这种通货膨胀的出现，央行货币政策操作就不得不趋于收紧，这样一来则会对当时业已紧张的市场流动性、疲软的实体经济和饥渴难耐的企业资金需求带来严重的冲击，导致央行货币政策在“稳增长”和“抑通胀”之间面临进退两难的选择。

---

① 洲际交易所布伦特原油期货2018年第1季度当季平均价格同比上涨23.2%，环比上涨9.4%。

9.4.2 “紧货币”还是“宽货币”?

外汇储备是汇率的基础，也是人民币的货币锚，是一国央行对外汇市场中外汇供需进行积极调整的有效工具。在2015年我国“811”汇改以后，我国人民币汇率的市场化水平变得更高，人民币对美元汇率的波动幅度也日益扩大，并出现了较为明显的下跌趋势，一度接近破“7”的关口，出现了资金从外汇市场不断外流现象。为维护外汇市场稳定和人民币汇率的合理波动，避免投机资本通过外汇市场快速进出进行套利或套汇，央行及时向外汇市场投放外汇储备并对资金跨境流动进行了监测，扭转了当时人民币贬值的预期和资金持续外流现象。经过央行积极的政策行为，人民币对美元的汇率从6.9回升到了6.25，但外汇储备从4万亿美元下降到了3万亿美元，后续的汇率回升也只带动外汇储备回流了不到2000亿美元，同时还新增了2984亿美元的外债，再加上约3000亿美元的贸易顺差。而当时3万亿美元的外汇储备中，外债水平已经达到了约1.8万亿美元，也就是说，央行实际上能够灵活使用的外汇储备也就1万亿美元。随着2018年美元新一轮升值周期的开启，人民币汇率也开始了“七连跌”的贬值趋势，2018年全年跌幅超过5%，呈现较大的贬值预期，与此相对的外汇储备规模在2018年也出现了持续的下降。这对我国货币政策操作提出了更高的要求，央行货币政策操作面临保“汇率”还是保“外储”的两难抉择①。所以，在资本流出以及人民币贬值可能给国内金融稳定造成冲击的影响下，我国央行需采取略微紧缩性的货币政策进行应对，以缩小中美利差，减轻资本流出和人民币贬值压力，而紧缩货币则意味着企业融资成本上升，同时也会加大房地产市场泡沫破裂的风险。因此，货币政策会面临更为严峻的两难局面：如果不紧缩货币，资本流出和汇率贬值压力难以缓解；而一旦紧缩货币，则必须容忍国内利率的走高或加息步伐的开启，甚至还会陷入汇率稳定、货币政策操作独立性和资本自由流动三者不可兼得的矛盾，给经济稳定带来压力。

---

① 此时大规模的外汇储备干预显然已经难以操作了，从当时央行的实践来看，其政策微调是将远期售汇业务风险准备金由0上调为20%，这也被外界誉为央行为规避人民币汇率破“7”这一重要关口而采取的积极行为。

9.5 我国货币政策操作策略及对当前货币政策操作的启示

9.5.1 我国货币政策操作策略选择

2015 年开启供给侧结构性改革后，我国经济发展的典型特征是由高速增长转向高质量增长，而高质量发展的经济需要与之相应的货币政策支持。面临 2018—2019 年美国货币政策和贸易政策存在的不确定性对我国经济、资本流动造成的冲击，我国当时内部货币政策实施环境的变化，“房产货币化”对实体经济的挤出效应，整体杠杆率偏高，经济“稳增长”还是“抑通胀”、“紧货币”还是“宽货币”等诸多现实挑战，央行货币政策操作必须慎之又慎。在具体操作上，需紧紧围绕金融服务实体经济和防范金融风险的总基调，在把握当前经济已由高速增长阶段转向高质量发展阶段的本质特征基础上，通过深化供给侧结构性改革，采取灵活多样、多措并举的手段来实施好稳健中性的货币政策，为金融改革和对外开放的渐进、有序推进以及人民币汇率制度改革的稳健推进和经济高质量发展营造良好的货币金融环境。

（1）实施稳健中性的货币政策

在货币政策操作策略选择上，要始终围绕金融服务实体经济这个根本不动摇，在管住货币供给闸门的基础上，保持货币政策的连续性和稳定性，继续实施稳健中性的货币政策。在具体操作上，鉴于当时的杠杆率趋稳和市场流动性趋紧状况，短期内应采取边际宽松的货币政策①来予以应对，通过充分发挥好货币政策价格型工具的调节作用来畅通货币政策传导渠道和机制，引导金融资源向实体经济配置，逆转金融资源的错配现象，确保经济“稳增长”目标的实现，助力经济由“中高速增长”向“高质量增长”跨越。这与 2018 年 5 月 11 日晚央行发布的《2018 年第一季度中国货币政策执行报告》中首次官方提出“宏观

① 这里需要注意的是，边际宽松并不能直接解读为扩张性的货币政策，而应该归于适度调整的中性货币政策范畴。

杠杆率趋稳”的判断相吻合①（中国人民银行货币政策分析小组，2018）[199]，也与7月17日央行公布的“2018年中央国库现金管理商业银行定期存款招投标结果（七期）”的具体情况②表明央行向市场发出了引导利率下行的货币政策边际宽松信号相契合，同时也是对2019年2月21日央行发布的《2018年第四季度中国货币政策执行报告》强调货币政策要“稳”的主基调定位的有效印证（中国人民银行货币政策分析小组，2018）[200]；但长期而言，货币政策边际宽松不宜持续太久，否则将会进一步加剧原本经过供给侧结构性改革政策稳定下来的资本市场和房地产市场泡沫，颠覆趋于下降的实体经济杠杆率，甚至引发通货膨胀和系统性金融风险。

（2）充分发挥货币政策工具操作的灵活性

创新货币政策操作方式，综合运用逆回购、中期借贷便利等价格型货币政策工具，维护银行体系流动性基本稳定（张末冬，2017）[201]，在适当时机推出其他新型结构化货币政策工具，为后续流动性调控增强灵活性。具体操作上，可以通过缩短放长，减少短期货币资金供给而增加长期货币资金供给，起到抬高金融机构资金成本，减少金融市场资产泡沫的作用，尤其是在2018—2019年股票市场相对较为繁荣的阶段，尤其要规避资金出现“脱实向虚”。同时还需要与宏观审慎政策相结合，以防止资金过度流向房地产、金融市场等投机市场。通过进一步完善宏观审慎政策，明确同业存单的期限不超过1年，在已经将金融机构发行的5000亿元以上同业存单纳入宏观审慎评估（MPA）考核之后，进一步研究和探索将金融机构发行的5000亿元以下同业存单和绿色信贷纳入宏观审慎评估（MPA）体系。

（3）充分发挥宏观审慎评估作用来化解重大领域金融风险

充分发挥宏观审慎评估作用来有效控制宏观杠杆率和重点领域金融风险。具体操作上，宏观审慎政策要扩展到非银行金融体系和金融市场，发挥央行的宏观审慎考核与其他监管当局之间的协调作用，规避金融监管缺失的同时还可

① 如果说去杠杆代表了货币政策紧缩，那么稳杠杆则意味着央行要开始适度放水了，货币政策可能要趋松。

② 向市场释放规模为1500亿元，中标年化利率为3.7%，期限为3个月。

以避免以宏观审慎政策之名，行微观干预之实，从而“让市场在资源配置中起决定性作用”落到实处，规避金融资源过度扭曲配置到过度泡沫化的资本市场和房地产市场，同时还需要进一步加大金融市场去杠杆的力度，防范市场出现大规模违约事件，引发区域性和系统性金融风险。

（4）坚持“渐进开放与恰当管理相融合”，持续推进金融改革开放

在“打好防范和化解金融风险攻坚战”的前提下，按照我国既定的时间表和内在逻辑不断推进金融的对内改革和对外开放。考虑到我国国内企业、金融机构和居民普遍存在的高杠杆，以及国内金融领域系统性风险正处于上升和显性化暴露阶段的现状，我国金融的对内改革和对外开放不可能一蹴而就，必须采取渐进、可控、有序的方式和恰当的资本账户管理手段来实现金融的对内改革和对外开放，以规避外部不利冲击的爆发对我国国内宏观金融稳定的影响，维护好防范系统性金融风险与金融市场开放之间的关系。

（5）稳健推进人民币汇率制度改革

在推进人民币汇率制度改革的具体操作上，需密切关注国际形势变化对资本流动的影响，尤其是美国货币政策转向带来的溢出效应（谭小芬、林奕皓，2021）[202]，安排好资本账户开放的顺序和节奏，控制金融开放中的风险；完善和加强央行对人民币汇率的市场化微观干预，在增强人民币汇率双向浮动弹性的基础上切实维护我国外汇市场的稳定。

9.5.2 对我国当前货币政策操作的启示

在疫情常态化背景下，全球经济依然没有走出“低增长、高通胀”的困局。我国经济虽然保持全球范围内的领先水平，实现了稳中向好的目标，但依然面临预期转弱、需求收缩和供给冲击三重压力，以及国内消费市场低迷、有效投资不足，国际上美联储持续加息、美元指数升值等不确定性环境。我国货币政策操作要高度关注国内外大环境的动态变化，尤其是发达国家货币政策的调整，坚持“以我为主”，在兼顾内外平衡基础上，提升我国货币政策操作的独立性和有效性。

（1）我国货币政策操作相比以往必须更加强调“以我为主”的策略。在疫情影响下，货币政策操作要密切关注主要发达经济体货币政策调整，但必须坚

持“以我为主”，兼顾内外平衡的原则。在实践中，我国货币政策操作必须坚持对内优先，以国内经济增长、充分就业、物价稳定等目标为先决条件，而不是盲目地依据他国货币政策或资本流动状况决定我国货币政策的松紧继而进行跟随性操作。央行在操作层面上要积极疏通货币政策传导路径，改善货币政策的传导效率，通过政策赋能大力发展实体经济来提高应对外部冲击的能力。

（2）我国货币政策操作相比以往必须更加注重完善汇率的市场化机制。在坚持以市场供求为基础、参考一篮子货币进行调节、有管理的浮动汇率制度基础上，着力提高汇率市场化程度和代表性，完善汇率中间价（或基准汇率）形成机制，强化预期管理，引导市场主体树立“风险中性”理念，规避人民币汇率单边波动预期。完善资本账户管理机制，加强跨境资金流动的宏观审慎管理，发挥好政府与市场有形之手和无形之手“两只手”的作用，在恪守汇率政策中性的前提下，对于市场汇率的过度波动和异常波动予以积极妥善引导，确保外汇市场正常运行，保持人民币汇率在合理均衡水平上的基本稳定。

（3）我国汇率层面的货币政策操作相比以往更需要深化市场化改革。汇率市场化改革有利于内外均衡协调发展，有助于汇率发挥吸收内外部冲击的“减震器”作用，推动人民币的国际化。在实践中，我国货币政策操作必须健全本外币政策协调机制，提高人民币汇率的市场化定价机制，充分发挥汇率调节宏观经济和国际收支的自动稳定器作用，提高货币政策应对汇率异常波动影响国内金融和物价稳定的响应能力，不断充实宏观审慎管理的政策工具箱，拓宽货币政策操作的自主空间，为“以我为主”货币政策操作提供坚实的保障。

（4）我国货币政策操作相比以往更需要发挥好大国作用，积极参与全球治理体系改革和建设。坚持对外开放策略，推动建设开放型世界经济，坚持经济全球化发展方向，共同营造有利于发展的国际环境，共同培育全球发展新动能。这是我国作为大国对世界的承诺，决定了我国货币政策操作需要积极参与全球治理体系改革和建设，推动全球治理迈向更加合理公平的方向。通过不断推进人民币国际化，提升人民币在国际上的独立性和公信力，增强我国维护多元稳定的世界经济格局的大国责任，以深化改革的行动传递我国开展货币政策国际合作的态度，彰显参与全球治理体系改革和建设的决心。

10 结论和建议

本书基于汇率视角，在对中美两国货币政策操作的历史性回顾及操作差异化分析，人民币汇率波动特征及趋势，人民币国际化现状、面临的困境及人民币国际化思路进行分析的基础上，通过构建美国货币政策操作对我国货币政策操作的溢出效应模型和我国货币政策操作对美国货币政策的溢出效应模型，从理论和实证上检验了中美货币政策双向溢出效应的存在性及其传递机制，并进一步基于博弈论模型就中美两国货币政策国际协调进行了博弈分析，构建了以中美货币政策国际协调为基础，“以我为主”的货币政策操作治理体系，结合我国当前内外部宏观经济环境，提出了中美政策差异化背景下我国货币政策操作的建议。研究得到以下主要结论。

（1）在2008年国际金融危机之后至2021年7月，中美两国货币政策出现了四次差异化现象。第一次差异化出现在我国汇率制度重启改革的2010年6月至2011年7月。第二次中美货币政策差异化时点为我国经济进入新常态之后的2014年11月到2016年3月。第三次中美货币政策差异化时点为中美贸易摩擦剧烈的2018年至2019年。第四次中美货币政策差异化时点为全球新冠疫情影响背景下的经济复苏阶段的2020年5月至2021年6月。

（2）从人民币汇率波动特征来看，美元指数和中美利差的变化是引起2015年“811”汇改后到2018年10月人民币汇率发生“贬值—升值—贬值”反复震荡的主因，而资本流动因素是引起2018年11月到2019年4月人民币汇率阶段性升值的主因，中美贸易摩擦不确定性加大的市场情绪行为则是影响当前人民币汇率波动的根源所在。人民币汇率在短期内的双向波动将会更加常态化，汇率的灵活性会更强，而我国宏观经济基本面长期向好的趋势决定了人民币汇率在长期内仍将保持合理均衡水平上的基本稳定。

（3）人民币国际化取得了显著的成效，但相较于美元、欧元的国际化程度仍存在一定的差距。从人民币国际化的影响力来看，人民币在金砖国家、我国前十大贸易伙伴以及“一带一路”沿线国家区域均存在显著的国际影响力（货币锚效应），且在我国前十大贸易伙伴货币圈内的国际影响力已经能够与美元相媲美。但总体而言，这种货币锚效应的强度在金砖国家区域、“一带一路”沿线国家区域乃至全球其他区域仍然不能与美元相提并论，甚至还无法达到与欧元相抗衡的地位。但人民币的这种货币锚效应相较于日元和英镑而言，至少在研究样本期内可以说已经实现了超越。从人民币国际化面临的困境来看，国内经济基本面、人民币汇率的稳定性、人民币基础设施和国内金融市场建设、资本项目政策的契合性，以及美元等主要国际货币的使用惯性和路径依赖依旧是影响人民币国际化的主要因素。

（4）美国货币政策操作对我国货币政策存在显著的溢出效应，发达国家“以邻为壑”现象普遍存在。美国货币政策操作不仅会对我国宏观经济变量产生显著的溢出效应，且能够通过利率（或汇率）的变动影响经常项目变动、资本项目变动和本外币资产转换的中介传导作用机制所引起的一系列效应对我国货币政策操作利率变量产生溢出效应，继而影响我国货币政策操作，使我国货币政策操作呈现出一定的被动性。随着我国经济发展水平的提升和汇率制度的不断完善，我国货币政策操作对美国也产生了较为明显的溢出效应，但中美货币政策逆向溢出效应存在较为明显的非线性结构突变现象。从长期来看，我国货币政策对美国货币政策是否存在逆向溢出效应并不能一概而定，而是具有阶段性特征。2005 年 7 月 21 日汇率制度改革后到 2007 年 12 月 3 日结构突变前，我国货币政策对美国货币政策并不存在显著的逆向溢出效应，而只能扮演美国货币政策的“被动接受者”角色，在 2008 年国际金融危机全面爆发后的货币政策强刺激阶段（2009 年 9 月 17 日结构突变后），不仅美国的量化宽松货币政策会对我国货币政策产生溢出效应，反过来我国货币政策的调整也会对美国货币政策产生逆向溢出效应，在一定程度上具备了主动制衡和反击美国货币政策溢出效应的能力。从短期来看，无论是金融危机前，还是金融危机后，美国货币政策（汇率波动）受其自身和中美双边远期汇率预期的冲击最为显著，而中国货币政策操作的调整，以及中国市场化利率和美国国内利率水平的变化对美国货币政策的冲击效应较弱（贡献度也较小）。但相较而言，中国货币政策操作的调整对美国货币政策的影响周期在2008年国际金融危机后相较于危机前变得更为持久。

（5）从基于博弈理论视角的中美货币政策博弈分析可知，无论是纳什均衡还是斯塔克尔伯格均衡，均没有实现中美两国货币政策操作整体福利水平的帕累托最优。要实现中美两国货币政策整体福利水平的最大值，必须进行较好地中美货币政策国际合作与协调。

结合中美两国货币政策差异化分析、人民币汇率波动特征及趋势分析、人民币国际化面临的现状问题及中美货币政策双向溢出效应和博弈分析，本书提出中美两国货币政策国际协调和我国货币政策操作治理体系的主要建议为以下四点。

（1）切实维护我国人民币汇率稳定。在尊重市场规律的基础上坚持市场在汇率形成中起决定性作用的机制不动摇，密切关注人民币汇率走势，保持人民币汇率在合理均衡水平上的基本稳定，有效发挥人民币汇率调节宏观经济和国际收支自动稳定器的作用。我国实行以市场供求为基础、参考一篮子货币进行调节、有管理的浮动汇率制度，汇率市场化程度不断提升，宏观审慎管理不断完善，可以充分发挥市场“无形之手”和政府“有形之手”两只手的积极作用。人民币汇率由市场供求决定，人民币对美元汇率中间价形成机制不断完善，规则性、透明度和市场化水平提高，市场化的人民币汇率增强了我国货币政策的自主性，能够较好地促进我国内外部均衡，实现我国经济基本面长期向好发展。坚持市场在人民币汇率形成中起决定性作用，在发挥市场“无形之手”的基础上，也要发挥好央行“有形之手”的积极作用，在必要时也需要采取积极的应对举措，发挥政府对外汇市场的稳定性调节作用，规避人民币汇率过度波动，以此表明我国央行完全有能力，也有种类丰富、数量足够的工具来维护人民币汇率的稳定，而不是任由外部扰乱或一些别有用意的国家对人民币汇率进行恶意的投机。

（2）稳步推进人民币国际化。从夯实国内经济发展质量、维护人民币汇率稳定、加快推进金融基础设施和金融市场建设、拓宽人民币在跨境支付结算与投融资中的使用率、提高人民币在国际储备货币中的占比等方面着手推进人民币国际化改革。通过深化供给侧结构性改革，确保宏观经济基本面长期向好发展的趋势不变。通过加快推进人民币基础设施建设，提高人民币的使用率，创造条件加快金融市场改革，丰富衍生类金融避险产品。通过以人民币区域化为重点，谋划人民币在全球范围内的国际化。具体操作上，巩固与我国前十大贸易伙伴之间已取得的人民币国际影响力，深化金砖国家区域内的人民币国际影响力，拓展“一带一路”沿线国家区域的人民币国际影响力，并以此为突破口，深入推进人民币国际化。在此基础上，谋划其他区域的人民币国际影响力，重视与国际货币基金组织合作，尤其是要发挥好人民币加入SDR之后作为SDR篮子货币的便利契机，促进人民币与SDR之间的汇率及权重之间的稳定，提升国际货币基金组织成员国的人民币使用率，继而提高人民币在全球范围内的货币锚效应，借道SDR出海助力人民币国际化的全面开花。

（3）深化中美两国货币政策之间的国际协调，减少货币政策操作带来的负面溢出效应。一是建立中美两国货币政策协调的常态化信息沟通机制，提高中美两国货币政策操作的透明度。二是构建互利共赢的中美货币政策国际协调共同准则，在国际贸易、资本管制、汇率制度等方面建立合适的共同准则，推动两国货币政策之间的更好协调。在国际贸易领域，中美两国应该以实现内外部平衡为基础，防止因汇率失调导致的经常账户失衡。在国际资本流动领域，加强对资本流出和有风险的国际借贷的管理。三是充分发挥国际性组织在货币政策国际协调中的积极作用。加强国际货币基金组织、世界银行、国际清算银行和金融稳定理事会等超主权机构在中美两国货币政策协调中的作用，指导中美两国制定货币政策协调的具体规则和协议，并监督保障规则的实施。四是持续扩大开放与合作，更多地学会运用和参与制定全球性国际组织的货币政策协调规则，通过与各国央行的货币合作，推动我国在国际货币政策协调中的作用。与此同时，也要通过进一步扩大开放、深化改革的行动传递我国参与货币政策国际合作的态度，积极倡导与“一带一路”沿线国家、新兴经济体的合作，共同探讨和制定国际货币政策合作的规则和机制。

（4）在坚持货币政策的国际协调的基础上，牢牢把握“以我为主”的货币政策操作机制。一是强化“以我为主”货币政策总基调，实施稳健货币政策。根据国内外疫情防控形势和经济金融发展情况，有效把握货币政策力度和节奏，畅通货币政策传导渠道和机制，维护流动性基本稳定，从而提高金融支持实体经济的能力，夯实我国经济高质量发展基础。充分发挥供给侧结构性改革作用，积极构建以国内大循环为主体、国内国际双循环相互促进的新发展格局，通过调整经济结构，提高经济发展的质量，减少经济增长对出口部门的依赖，落实以国内大循环为主体，国内国际双循环相互促进的发展战略，积极主动扩大进口，优化出口产品的结构，逐步降低对美贸易顺差，夯实我国经济高质量发展基石。二是持续推进人民币汇率制度改革，不断完善人民币汇率制度。要继续坚持以市场供求为基础、参考一篮子货币进行调节、有管理的浮动汇率制度，发挥市场在汇率形成中的决定性作用，实现人民币汇率以市场供求为基础的双向浮动，注重预期引导增强人民币汇率弹性，保持人民币汇率在合理均衡水平上的稳定。加强宏观审慎管理，稳定市场预期，合理使用货币政策工具，通过多种方式合理引导社会预期，引导企业和金融机构坚持"风险中性"理念，指导金融机构基于实需原则和风险中性原则为企业提供汇率风险管理服务，搭建更有广度和深度的外汇市场，运用多层次、多元化的外汇市场来发现价格和分散风险，在市场层面通过充分的信息沟通，引导市场形成理性的汇率预期，维护外汇市场平稳健康发展。三是持续扩大开放，加快推进人民币国际化进程。推动金融市场高水平双向开放，丰富风险对冲工具，提高境外主体配置人民币金融资产的便利化水平，支持境外央行、货币当局和储备管理部门配置人民币储备资产，拓展人民币的储备和投资货币功能，夯实人民币国际化基础。深化对外货币合作，发展离岸人民币市场，持续稳慎推进人民币国际化，通过跨境贸易投资高水平开放试点，稳步推进人民币资本项目可兑换，提高人民币在跨境贸易和投资使用中的便利化程度。优化境外人民币清算行制度，充分发挥人民币清算行在便利海外人民币投融资、培育离岸人民币市场、提供人民币流动性支持等方面的作用。加强人民币跨境支付系统（CIPS）建设，提高人民币清算结算的安全性和效率，完善人民币跨境收付信息管理系统（RCPMIS）建设，进一步完善 RCPMIS 系统信息采集和统计分析功能。加强跨境资本流动宏观审慎管理，加强非现场监督能力建设，严厉打击地下钱庄、跨境赌博等非法金融活动，重点查处虚假欺骗性交易，引导资本流入国内实体经济，有力维护外汇市场良性秩序，扎实推动"以我为主"货币政策的实施。四是强基固本提升贸易发展质量，赋能经济高质量发展。在以国内大循环为主体、国内国际双循环相互促进的新发展格局下，通过激发内生消费活力和市场活力，撬动消费对贸易高质量发展的倒逼机制，不断推进我国贸易转型升级。充分利用云计算、大数据、区块链等信息化技术赋能贸易，挖掘贸易优势，改变“低端制造贸易”的非对称性局面，打造“高端智造”贸易优势，扩大贸易开放。通过制定差别化的准备金、利率和信贷政策，满足贸易企业的融资需求，形成与我国贸易政策调整相匹配和协调的金融支持政策，推动我国贸易企业转型升级，提升我国贸易实力，赋能经济高质量发展，为我国“以我为主”货币政策操作奠定坚实的基础。五是做好金融风险防范与化解。利用大数据、金融科技等手段，建立有效的风险识别与监控模型，构建实体经济与金融市场良性互动的经济环境，夯实金融稳定的基础，以经济高质量发展化解金融风险。全力做好经济发展过程中存量风险的化解工作，坚决遏制各类风险反弹回潮，防止在处置其他领域风险过程中引发次生金融风险，推动经济高质量发展。积极推动债券市场的发展，推进利率市场化和汇率双向浮动机制，完善金融监管，增强中国金融体系的稳定性，降低美国货币政策对中国经济的负面溢出效应。将宏观审慎政策扩展到非银行金融体系和金融市场，发挥央行宏观审慎考核与其他监管部门之间的协调作用，化解重大领域金融风险。

参考文献

[1] Rosa, C. The Validity of the Event - study Approach: Evidence from the Impact of the Fed's Monetary Policy on US and Foreign Asset Prices [J]. Economica, 2011 (78): 429 -439.

[2] 黄宪，杨子荣．中国货币政策会冲击到美国货币政策吗——基于效应外溢的视角 [J]. 国际金融研究，2016 (1): 15 -27.

[3] Meade, J. E. The Theory of International Economic Policy: The Balance of Pay Ments [M]. London: Oxford University Press, 1951: 185 -214.

[4] Cooper, Richard N. Macroeconomic Policy Adjustment in Interdependent Economies [J]. The Quarterly Journal of Economics, February, 1969, 83 (1): 1 - 24.

[5] Hamada, Koichi. A Strategic Analysis of Monetary Interdependence [J]. Journal of Political Economy, 1976, 84 (4): 677 -700.

[6] Dees S, Pesaran M H, Smith, LV, et al. Supply, Demand and Monetary Policy Shocks in a Multi - Country Ner Keynesion Model [J]. General information, 2010, 27 (3): 697 -711.

[7] Gadatsch N. Real Effects of Soereign bond Market Spillovers in the Euro Area [R]. Arbeitspapier, Sachverstandigenrat Zur Begutachtung der Gesamtwirtschaftlichen Entwicklung, 2015.

[8] Kim, S. J., Nguyen, D. Q. The Spillover Effects of Target Interest Rate News from the U. S. Fed and the European Central Bank on the Asia - Pacific Stock Markets [J]. International Financial Markets , Institutions & Money , 2009 (19): 415 -431.

[9] Sheehan, R. G. Does U. S. Money Growth Determine Money Growth in

Other Nations? [J]. Federal Bank of St. Louis Journal Review, 1987, 69 (1): 5 - 14.

[10] Chung, J. W. Monetary Interdependence among G - 3 Countries [J]. Applied Economics, 1993, 25 (5): 681 - 688.

[11] Kim, S. International Transmission of US. Monetary Policy Shocks: Evidence from VARs [J]. Journal of Monetary Economics, 2001 (2): 339 - 372.

[12] Mackowiak B. External Shocks, U. S. Monetary Policy under Flexible Exchange Rates [J]. Journal of Economic Dynamics & Control, 2008 (32): 2512 - 2520.

[13] Wu H, Liu W. Empirical Research on the International Spillover Effects of U. S. Monetary Policy and Their Impacts [J]. China Economist, 2009 (23): 68 - 77.

[14] Neri, S., Nobili, A. The Transmission of US Monetary Policy to the Euro Area [J]. International Finance, 2010 (1): 55 - 78.

[15] Hausman, J., Wongswan, J. Global Asset Prices and FOMC Announcements [J]. Journal of International Money and Finance, 2015 (30): 547 - 571.

[16] 邢天才，唐国华. 美国货币政策对中国货币政策的溢出效应研究 [J]. 财经问题研究, 2011 (11): 50 - 55.

[17] 王艳，张鹏. 美国货币政策对中国信贷市场的溢出效应研究 [J]. 投资研究, 2012 (2): 155 - 160.

[18] 陈嘉骞，托马索·曼奇尼 - 格瑞夫里，拉特纳·萨海. 美国货币政策的溢出效应 [J]. 新金融, 2015 (12): 4 - 7.

[19] Holman J, Neumann R. Evidence on the Cross - country Transmission of Monetary Shocks [J]. Applied Economics, 2002: 1837 - 1857.

[20] Miyakoshi T, Jalolov M. Money - income Causality Revisited in EGARCH: Spillovers of Monetary Policy to Asia from the US [J]. Journal of Asian Economics, 2005: 299 - 313.

[21] Tillmann P., Unconventional Monetary Policy and The Spillovers to Emerging Markets [J]. Journal of International Money and Finance, 2016 (66): 136 -

156.

[22] Ahmed S., Coulibaly B., and Zlate A. International Financial Spillovers to Emerging Market Economies: How Important Are Economic Fundamentals? [J]. Supervisory Research and Analysis Working Papers, 2017.

[23] Fratzscher, M., Lo Duca M., Straub R. On the International Spillovers of US Quantitative Easing [J]. Econ Journal, 2017 (128): 330 - 377.

[24] 吴宏，刘威．美国货币政策的国际传导效应及其影响的实证研究[J]．数量经济技术经济研究，2009 (6): 42 - 52.

[25] 尤阳，马理，何云．以邻为壑：为什么“吃亏”的总是发展中国家——美国货币政策转向的差异化溢出效应与风险防范研究 [J]．金融经济学研究，2020 (4): 3 - 18.

[26] 展凯，王茹婷，张帆．美国货币政策调整对中国的溢出效应与传导机制研究 [J]．国际经贸探索，2021 (1): 83 - 98.

[27] 刘金全，吴克强，刘悦．美联储退出量化宽松政策的溢出效应研究——基于新兴经济体与发达经济体双重视角 [J]．数量经济研究，2020 (2): 1 - 17.

[28] 许志伟，樊海潮，王岑郁．美国货币政策对中国经济的溢出效应研究[J]．财经研究，2020 (8): 19 - 33 + 169.

[29] 邓创，席旭文．中美货币政策外溢效应的时变特征研究 [J]．国际金融研究，2013 (9): 10 - 20.

[30] 杨子荣，徐奇渊，王书朦．中美大国货币政策双向溢出效应比较研究——基于两国 DSGE 模型 [J]．国际金融研究，2018 (11): 14 - 24.

[31] 崔百胜，葛凌清．中国货币政策对世界主要经济体溢出效应的异质性分析——基于 GVAR 模型的实证研究 [J]．华东经济管理，2019 (8): 83 - 94.

[32] 刘洁，许泽想，董科．中国货币政策存在外溢效应吗——来自美国宏观经济波动的经验证据 [J]．财经科学，2020 (5): 1 - 15.

[33] Glick, R., Hutchison, M. Financial Liberalization in the Pacific Basin: Implications for Real Interest Rate Linkages [J]. Journal of the Japanese and International Economies, 1990 (4): 36 - 48.

[34] Shamiri, A., Isa, Z. Volatility Transmission: What do Asia - Pacific Markets Expect? [J]. Studies in Economics and Finance, 2010, 27 (4): 299 - 313.

[35] 杨子荣. 中国货币政策会冲击到美国股票市场吗——基于效应外溢视角 [J]. 国际经贸探索, 2016 (1): 79 - 94.

[36] Canova, F. Recent Developments in Business Cycle Analysis: the Transmission of US shocks to Latin America [J]. Journal of Applied Econometrics, 2005 (2): 229 - 251.

[37] Morgan, P. J. Impact of US Quantitative Easing Policy on Emerging Asia [J]. Finance Working Papers, East Asian Bureau of Economic Research, 2011.

[38] Fratzscher, M., Duca, M. L., Straub, R. A Global Monetary Tsunami? On the Spillovers of US Quantitative Easing [J]. CEPR Discussion Papers No. 9195, 2012.

[39] Bowman, D., Londono, J. M., Sapriza, H. US Unconventional Monetary Policy and Transmission to Emerging Market Economies [J]. FRB International Finance Discussion Paper No. 1109, 2014.

[40] Albagli E, Ceballos L, Claro S, et al. Channels of US Monetary Policy Spillovers into International Bond Markets [R]. Social Science Electronic Publishing, 2015.

[41] Burger J. D., Warnock F. E., Warnock VC. The Effects of US Monetary Policy on Emerging Market Economies' Sovereign and Corporate Bond Markets [J]. NBER Working Paper No. 23628, 2015.

[42] Albagli E., Ceballos L., Claro S., Channels of US Monetary Policy Spillovers to International Bond Markets [R]. Journal of Financial Economics, 2019 (2): 447 - 473.

[43] 金春雨, 张龙. 美联储货币政策对中国经济的冲击 [J]. 中国工业经济, 2017 (1): 25 - 42.

[44] 黄宪, 白德龙. 中国货币政策对经贸关联国货币政策的外溢影响研究——基于"一带一路"相关国的证据 [J]. 国际金融研究, 2017 (5): 15 - 24.

[45] Gertler M. , Karadi P. QE 1 vs. 2 vs. 3... : A Framework for Analyzing Large - scale Asset Purchases as a Monetary Policy Tool [J]. International Journal of Central Banking, 2013, 9 (1): 5 -53.

[46] Sousa J M, Zaghini A. Monetary Policy Shocks in the EURO Area and Global Liquidity Spillovers [J]. International Journal of Finance and Economics, 2008, 13 (3): 205 -218.

[47] Carrière - Swallow, Y. , Céspedes, L. F. The Impact of Uncertainty Shocks in Emerging economies [J]. Journal of International Economics, 2013 (2): 316 -325.

[48] Christiano, L. J. , Motto, R. , Rostagno, M. Risk shocks [J]. American Economic Review, 2014 (1): 27 -65.

[49] Gete, P. and Melkadze, G. Aggregate Volatility and International Dynamics. The role of Credit Supply [J]. Journal of International Economics, 2018 (2): 143 -158.

[50] Koepke, R. Fed Policy Expectations and Portfolio Flows to Emerging Markets [J]. Journal of International Financial Markets, Institutions and Money, 2018 (55): 170 -194.

[51] Ahmed, S. , and A. Zlate. Capital Flows to Emerging Market Economies: a Brave New World? [J]. International Finance Discussion Paper, 2014, 48 (1): 221 -248.

[52] Fahr S, Zochowski D. A Framework for Analysing and Assessing Cross - Border Spillovers from Macroprudential Policies [J]. Financial Stability Review, 2015 (1): 124 -133.

[53] Bowman D. , Londono J. M. , Sapriza H. US Unconventional Monetary Policy and Transmission to Emerging Market Economies. Journal of International Money and Finance, 2015 (55): 27 -59.

[54] Gagnon J. E. , Bayoumi T. , and Londono J. M. , Direct and Spillover Effects of Unconventional Monetary and Exchange Rate Policies [J]. Open Economies Review, 2017 (2): 191 -232.

[55] 谭小芬，邵涵．美国货币政策对新兴市场国家的溢出效应：资本流动视角［J］. 经济社会体制比较，2020（6）：26－37.

[56] Jang, Kyungho, Masao Ogaki. The Effects of Monetary Policy Shocks on Exchange Rates: A Structural Vector Error Correction Model Approach [J]. Journal of the Japanese and International Economics, 2004 (18): 9－114.

[57] Dedola L., Karadi P., Lombardo G. Global Implications of National Unconventional Policies [J]. Journal of Monetary Economics, 2013, 60 (1): 66－85.

[58] Emenike K. O. Exchange Rate Volatility in West African Countries: Is There a Shred of Spillover? [J]. International Journal of Emerging Markets, 2018, 13 (6): 1457－1474.

[59] Rohit A. K., and Dash P. Dynamics of Monetary Policy Spillover: The Role of Exchange Rate Regimes [J]. Economic Modelling, 2019 (77): 276－288.

[60] 李自磊，张云．美国量化宽松政策是否影响了中国的通货膨胀？——基于 SVAR 模型的时证研究［J］. 国际金融研究，2013（8）：13－21.

[61] 刘尧成，庄雅淳．国际货币政策对中国汇率和经常账户的溢出效应［J］. 国际经贸探索，2016，32（9）：99－112.

[62] 欧阳志刚，张圣．后金融危机时代美国货币政策对人民币汇率的传导效应［J］. 国际经贸探索，2016，32（4）：63－76.

[63] Grilli Vittorio, Roubini Nouriel. Liquidity and Exchange Rates [J]. Journal of International Economics, Elsevier, 1992, 32 (3－4): 339－352.

[64] Benigno, G. and Benigno, P. Designing Targeting Rules for International Monetary Policy Cooperation. Journal of Monetary Economics, 2006 (53): 473－506.

[65] Moder I. Spillovers from the ECB's Non－standard Monetary Policy Measures on South－eastern Europe [R]. 2017, ECB Working Paper No. 2015.

[66] 陈虹，马永健．美国量化宽松货币政策与退出效应及其对中国的影响研究［J］. 世界经济研究，2016（6）：22－31＋144.

[67] Rogoff, Kenneth. Can International Monetary Policy Coordination be Counter－productive? [J]. Journal of International Economics, 1985 (18): 199－217.

[68] Kehoe Patrick. International Policy Coordination May be Undesirable [R].

Federal Reserve Bank of Minneapolis, Staff Report, No. 103, 1988.

[69] Carraro, C. and F. Giavazzi. Can International Policy Coordination Really be Counterproductive? [M]. Oxford: Basil Blackwell, 1991.

[70] 陈雨萱，杨少华．中国与发达经济体的货币政策的溢出与反向溢出效应［J］．当代经济科学，2018（9）：28－35.

[71] 倪民．货币政策溢出效应和国际协调机制研究［J］．盐城工学院学报（社会科学版），2019（1）：46－52＋106.

[72] McKibbin, J. Warwick, Empirical Evidence on International Economic Policy Coordination [M]. in Fratianni, M., Salvatore, D. & Hagen, von. J. (ed). Macroeconomic Policy in Open Economies, London: Greenwood Press, 1997, 148－176.

[73] Obstfeld, M. and Rogoff, K. Exchange Rate Dynamic Redux [J]. Journal of Political Economy, 1995 (103): 624－660.

[74] Corsetti, G., Pesenti, P. Welfare and Macroeconomic Interdependence [J]. Quarterly Journal of Economics, 2001 (116): 421－446.

[75] Sutherland, A. International Monetary Policy Coordination and Financial Market Integration [R]. CEPR, Discussion Paper No. 4251, 2004.

[76] Canzoneri. M. and Gray, J. A. Monetary Policy Games and the Consequences of Non－cooperative Behaviour [J]. International Economic Review, 1985 (26): 547－564.

[77] Canzoneri. M. B. and Henderson, D. W. Monetary Policy in Interdependent Economies: A Game－theoqretic approach. MIT Press, Cambridge, MA, 1992.

[78] Clarida, R., Gali, J. and Gertler, M. A Simple Framework for International Monetary Policy Analysis [J]. Journal of Monetary Economics, 2002 (49): 879－904.

[79] Pappa, E. Do the ECB and the Fed Really Need to Cooperate? Optimal Monetary Policy in a Two－country World [J]. Journal of Monetary Economics, 2002, 51 (4): 724－753.

[80] Corsetti, G., Pesenti, P. The International Dimension of Optimal Monetary

Policy [J]. Journal of Monetary Economics, 2005 (52): 281 - 305.

[81] 黄安仲. 货币政策国际协调与中国经济稳定性——基于随机模拟方法的研究 [J]. 当代财经, 2008 (7): 49 - 52.

[82] 岑丽君, 程惠芳. 中美货币政策国际协调的福利收益——基于 NOEM 框架的分析 [J]. 数量经济技术经济研究, 2012 (6): 33 - 47.

[83] 陈晓莉, 刘晓宇. 中国需要参与宏观审慎政策国际协调吗?: 基于宏观审慎政策国际溢出效应的证据 [J]. 世界经济研究, 2020 (6): 11 - 23.

[84] 韩景倜, 孟凡祥. 美联储非线性政策溢出效应及中国货币政策选择模拟 [J]. 国际金融研究, 2019 (9): 3 - 13.

[85] 廉东. 汇率变动、贸易自由化与中国经济协调发展研究 [M]. 北京: 经济科学出版社, 2013. 12.

[86] 张光华. 中国金融体制 [M]. 北京: 中国金融出版社, 1997.

[87] 孙玉霞. 人民币汇率变动缘何不再"出其不意" [J]. 国际融资, 2006 (5).

[88] 杨兆宇, 刘雨菲.《中美货币政策比较研究及资产配置策略展望》[J]. 当代金融家, 2021 (11): 120 - 123.

[89] 交通银行金融研究中心. 人民币汇率何去何从 [J]. 新金融, 2019 (6): 9 - 12.

[90] 潘锡泉. 当前我国货币政策困境及取向思考 [J]. 新金融, 2017 (4): 20 - 23.

[91] 管涛. 第三次濒临汇率心理关口的思考 [J]. 武汉金融, 2019 (7): 11 - 15.

[92] 谢建国, 贾珊山. 公开市场表态稳定了人民币汇率吗?: 基于 2014—2017 年人民币汇率干预事件的研究 [J]. 世界经济研究, 2019 (1): 18 - 30.

[93] 张明. 理性看待当前的人民币汇率 [J]. 中国金融, 2018 (22): 57 - 58.

[94] 张莫. 短期波动不改人民币长期平稳态势 [N]. 经济参考报, 2019 - 6 - 13.

[95] 潘锡泉. 人民币国际化的"困"与"解": 从央行政策行为透视改革

思路［J］. 西南金融，2019（5）：3－11.

［96］王盼盼，石建勋，何宗武. 汇率市场化、人民币国际化与汇率定价权［J］. 上海经济研究，2018（6）：79－90.

［97］Frankel J, Jeffrey A. Is Japan Creating a Yen Bloc in East Asia and the Pacific?［J］. NBER Working Paper, April, 1992.

［98］Frankel J, Jeffrey A, Shang－Jin W. Yen Bloc or Dollar Bloc? Exchange Rate Policies of the East Asian Economies［M］. University of Chicago Press, 1994.

［99］McKinnon, R., G. Schnabl. The East Asian Dollar Standard, Fear of Floating, and Original Sin［J］. Review of Development Economics, 2004, 8（3）：331－360.

［100］McKinnon, R. Exchange Rates under the East Asian Dollar Standard［R］. Cambridge, MA: The MIT Press, 2005.

［101］Jeon, B. N., H. F. Zhang. A Currency Union or an Exchange Rate Union: Evidence from Northeast Asia［J］. Journal of Economic Integration, 2007, 22（2）：256－287.

［102］Kim, D. An East Asian Currency Union? The Empirical Nature of Macroeconomic Shocks in East Asia［J］. Journal of Asian Economics, 2007, 18（6）：847－866.

［103］Ogawa, E., S. Junko. Progress Toward a Common Currency Basket System in East Asia［R］. Research Institute of Economy, Trade, and Industry（RIETI）, Discussion, 2006.

［104］Reid, W. Click. The ASEAN Dollar Standard in the Post－crisis Era: A Reconsideration［J］. Journal of Asian Economics, 2009, 20（3）：269－279.

［105］Subramanian, Arvind, Martin Kessler. The Renminbi Bloc is Here: Asia Down and the Rest of the World to Go［R］. Working Paper, Washington, D. C.: Peterson Institute of International Economics, 2013.

［106］Eichengreen, Barry, Domenico Lombardi. Rmbi or Rmbr: Is the Renminbi Destined to Become a Global or Regional Currency?［R］. NBER Working Paper, 2015.

[107] Ito, Takatoshi. A New Financial Order in Asia: Will a RMB Bloc Emerge? [R]. NBER Working Paper, 2016.

[108] Chee - Heong Quah, Patrick M. Crowley. Which Country Should be the Monetary Anchor for East Asia: The US, Japan or China? [J]. Journal of the Asia Pacific Economy, 2012, 17 (1): 94 - 112.

[109] Spencer Michael. A 'Yuan' Bloc in Asia? Not Yet [R]. Deutsche Bank Global Economic Perspectives, 2013 - 2017.

[110] 陈志昂. 东亚货币竞争性均衡与人民币货币锚效应 [J]. 经济理论与经济管理, 2008 (4): 5 - 10.

[111] 李晓, 丁一兵. 人民币汇率变动趋势及其对区域货币合作的影响 [J]. 国际金融研究, 2009 (3): 8 - 15.

[112] 阙澄宇, 马斌. 人民币成为锚货币了吗? ——基于状态空间模型的经验证据 [J]. 财贸经济, 2013 (4): 39 - 49.

[113] 石建勋, 官沁, 李海英. 人民币成为"两岸四地"主导货币的实证研究——基于经济冲击对称视角的考察 [J]. 财经问题研究, 2013 (1): 40 - 47.

[114] 安锦. 国际产业转移背景下人民币兑东亚国家货币影响力研究 [J]. 金融经济学研究, 2014 (5): 3 - 11.

[115] 杨雪峰. 人民币会成为亚洲区域内的货币锚吗? [J]. 世界经济研究, 2015 (5): 23 - 29.

[116] 杨荣海, 李亚波. 资本账户开放对人民币国际化"货币锚"地位的影响分析 [J]. 经济研究, 2017 (1): 134 - 148.

[117] 姜红艳, 苑西恒, 曾冰. 人民币货币锚效应的实证检验——基于状态空间模型的经验证据 [J]. 世界经济与政治论坛, 2018 (2): 109 - 127.

[118] 中国人民大学国际货币研究所课题组. 人民币国际化: 现状、障碍与政策协调 [J]. 中国经济报告, 2018 (8): 86 - 88.

[119] 周小川. 人民币国际化要保持低调, 要避免制度安排出现摇摆 [Z]. 在第二届中国金融 40 人伊春论坛上的发言, 2018 - 8 - 11.

[120] 程贵, 王舒婷, 马润平. 丝绸之路经济带建设与人民币区域化的前景——以中亚地区为例的研究 [J]. 财贸经济, 2018 (6): 101 - 114.

[121] 周宇. 以人民币国际债券支持“一带一路”基础设施投资：基于美元、日元国际债券的比较分析 [J]. 世界经济研究，2017 (10)：15-24.

[122] 刘一贺. “一带一路”倡议与人民币国际化的新思路 [J]. 财贸经济，2018 (5)：103-112.

[123] 严佳佳，辛文婷. “一带一路”倡议对人民币国际化的影响研究 [J]. 经济学家，2017 (12)：83-90.

[124] 张军. 借力金砖国家开发银行推进人民币国际化的对策 [J]. 经济研究参考，2017 (42)：34-35.

[125] 刘刚，张友泽. 人民币在“一带一路”货币圈发挥了锚效应吗？——基于人民币与主要国际货币比较研究 [J]. 国际金融研究，2018 (7)：32-41.

[126] 蒙代尔. 货币与最优货币区 [M] //蒙代尔经济学文集. 北京：中国金融出版社，2003.

[127] 孙海霞，谢露露. 国际货币的选择：基于外汇储备职能的分析 [J]. 国际金融研究，2010 (12)：38-49.

[128] 杨荣海. 当前货币国际化进程中的资本账户开放路径效应分析 [J]. 国际金融研究，2014 (4)：50-61.

[129] 李稻葵，刘霖林. 人民币国际化：计量研究及政策分析 [J]. 金融研究，2008 (11)：1-16.

[130] 沙文兵，刘红忠. 人民币国际化、汇率变动与汇率预期 [J]. 国际金融研究，2014 (8)：10-18.

[131] 林乐芬，王少楠. “一带一路”进程中人民币国际化影响因素的实证分析 [J]. 国际金融研究，2016 (2)：75-83.

[132] 彭红枫，谭小玉. 人民币国际化研究：程度测算与影响因素分析 [J]. 经济研究，2017 (2)：125-139.

[133] 张晓莉，李倩云. 人民币在“一带一路”货币圈发挥了锚效应吗？[J]. 国际金融研究，2018 (7)：32-41.

[134] 王家强，赵雪情. 人民币国际化：调整、巩固与再启程 [J]. 中国外汇，2017 (24)：30-33.

[135] Agens, Yeganeg. The Impact of Yuan Internationalization on the Stability of the International Monetary System [J]. Journal of International Monetary and Finance, 2015 (57): 115 -135.

[136] 范小云，陈雷，王道平．人民币国际化与国际货币体系的稳定 [J]. 世界经济，2014，37 (9)：3 -24.

[137] 潘锡泉．中国式“高杠杆”化解取向思考 [J]. 新金融，2017 (10)：21 -24.

[138] 丁志杰．引入逆周期因子，人民币汇率形成机制进一步完善 [J]. 国际金融研究，2018 (1)：11.

[139] 吴晓求．构建现代金融体系两大核心——建设国际金融中心和人民币国际化 [N]. 经济参考报，2018 -7 -25.

[140] 王有鑫，谢峰．新汇改以来人民币汇率走势与汇率管理改革 [J]. 新金融，2018 (2)：14 -19.

[141] 巴曙松，巴晴．人民币国际化新阶段与香港的机遇 [J]. 清华金融评论，2017 (3)：57 -59.

[142] 陈四清．开启人民币国际化新格局 [J]. 中国金融，2014 (4)：14 -16.

[143] Robert Z. Aliber. The Interest Rate Parity Theorem: A Reinterpretation [J]. The Journal of Political Economy, 1973, 6 (81): 1451 -1459.

[144] Frankel, J. A. On the Mark: a Theory of Floating Exchange Rates Based on Real Interest Differentials [J]. American Economic Review, 1979 (69).

[145] Frankel, J. A. The Dazzling Dollar [J]. Brookings Papers on Economic Activity, 1985 (1).

[146] Flood, R. P., and A. K. Rose. Uncovered Interest Parity in Crisis [J]. IMF Staff Papers, 2002 (49): 252 -266.

[147] Chinn, M. and G. Meredith. Monetary Policy and Long Horizon Uncovered Interest Parity [J]. IMF Staff Papers, 2004, 3 (51): 409 -430.

[148] Mark, Nelson C. and Moh Young - Kyu, The Real Exchange Rate and Real Interest Differentials: The Role of Nonlinearities [R]. International Journal of Fi-

nance and Economics, 2009 (10): 323 -335.

[149] Kim Jaebeom, Reconsidering Real Interest Parity for Traded and Nontraded Goods [J]. Review of International Economics, 2006, 14 (2): 306 - 315.

[150] 张萍. 利率平价理论及其在中国的表现 [J]. 经济研究, 1996 (10): 11 -20.

[151] 易纲, 范敏. 人民币汇率的决定因素及其走势分析 [J]. 经济研究, 1997 (10): 1 -10.

[152] 钟云波. 试论利率平价理论在我国运用的修正 [J]. 广州市财贸管理干部学院学报, 2000 (2): 30 -34.

[153] 薛宏立. 浅析利率平价模型在中国的演变 [J]. 财经研究, 2002 (2): 14 -19.

[154] 荀玉根. 利率平价视角下我国利率与汇率的联动性及政策协调 [D]. 上海: 上海社会科学院, 2008.

[155] 刘威, 吴宏. 中美两国利率与汇率相互影响效应的评估研究——基于抛补利率平价理论的实证检验 [J]. 世界经济研究, 2010 (2): 32 -36 +88.

[156] 范立夫. 我国利率政策与汇率政策协调问题研究——基于资产加权收益率平价模型的分析 [J]. 财贸经济, 2011 (7): 48 -54.

[157] M. Hashem Pesaran, Yongcheol Shin, Richard J. Smith. Bounds Testing Approaches to the Analysis of Level Relationships [J]. Journal of Applied Econometrics, 2001 (16): 289 -326.

[158] Wongswan, J. The Reponse of Global Equity Indexes to U. S. Monetary Policy Announcements [C]. International Finance Discussion Papers, No. 844, Board of Governors of the Federal Reserve System, 2005.

[159] Bauer, M. B., Neely, C. J. International Channels of the Fed's Unconventional Monetary Policy [R]. Federal Reserve Bank of St. Louis Working Paper 2012 -028D, 2013.

[160] Schneider, M., Fenz, G. Transmission of Business Cycle Shocks between the US and the Euro Area [J]. Applied Economics, 2011, 43 (21): 2777 - 2993.

[161] 刘少云. 美联储货币政策对中国通货膨胀溢出效应的再审视 [J]. 财贸经济, 2016 (7): 95-106.

[162] 陈燕, 邹力宏. 我国基础货币总量结构变化及货币政策取向分析 [J]. 金融教育研究, 2016 (5): 27-33.

[163] 龚秀国. 后金融危机时代"美国因素"、美元汇率战略及其对华国际溢出效应分析 [J]. 四川大学学报, 2013 (2): 121-131.

[164] 谢怀筑, 于李娜. 货币政策溢出效应与国际协调: 一个文献综述 [J]. 金融与经济, 2011 (1): 40-44.

[165] Hausman, J., Wongswan, J. Global Asset Prices and FOMC Announcements [J]. Journal of International Money and Finance, 2011 (30): 547-571.

[166] 黄万阳. 中日美宏观经济政策汇率溢出效应分析 [J]. 现代日本经济, 2016 (1): 11-21.

[167] Allan W. Gregory, Bruce E. Hansen. Residual-based tests for cointegration in models with regime shifts [J]. Journal of Econometrics, 1996 (70): 99-126.

[168] Hamada, Koichi. Macroeconomics Strategy Coordination under Alternative Exchange Rates [J]. in Dornbusch, Rudiger and Frenkel, Jacob. A. eds., International Economic Policy, John Hopkins University Press, 1979.

[169] Stam, A., Delorme, Jr. C., Fintenstadt, B. Cross National Money-Income Causality for the Floating Exchange Rate Period: Has the Influence of U. S. and German Money Persisted? [J]. Journal of Macroeconomics, 1991, 13 (2): 207-237.

[170] Grilli, V., Roubini, N. Liquidity and Exchange Rates: Puzzling Evidence from the G-7 Countries [R]. Yale University Working paper, 1995.

[171] Ehrmann, M., Fratzscher, M. Global Financial Transmission of Monetary Policy Shocks [R]. CESifo Working Paper, No. 1710, 2006.

[172] 潘锡泉. 中美利率和汇率动态效应研究: 理论与实证——基于拓展的非抛补利率平价模型的研究 [J]. 国际贸易问题, 2013 (6): 77-87.

[173] Mackowiak B. External Shocks, U. S. Monetary Policy and Macroeconomic Fluctuations in Emerging Markets [J]. Journal of Monetary Economics, 2007.

[174] Frazscher M. Capital Flows, Push Versus Pull Factors and the Global Financial Crisis [J]. Journal of International Economics, 2012, 88 (2): 341 -356.

[175] 万亮. 国际货币政策协调研究——以中美两国为例 [D]. 中国社会科学院, 2018. 06.

[176] Alessandrini P, Fratianni M. Resurrecting Keynes to Stabilize the International Monetary System [J]. Open Economies Review, 2009 (3): 339 -358.

[177] 周小川. 用“超主权货币”重构国际货币体系 [J]. 竞争力, 2009 (5): 10 -11.

[178 陈伟. 从欧洲债务危机看东亚区域一体化建设 [J]. 海南金融, 2011 (4): 43 -45 +88.

[179] 涂永红. 新形势下我国货币政策国际协调的重点和抓手 [J]. 理论视野, 2017 (11): 33 -35.

[180] 连平, 周兵. 加强国际货币政策协调至关重要 [N]. 中国证券报, 2016 -6 -29.

[181] 刘景卿, 李奇璘, 车维汉. 国际货币政策协调理论研究前沿述评 [J]. 山东工商学院学报, 2017, 31 (5): 15 -26.

[182] 郑鸣捷. 中国货币政策框架演变及传导机制 [J]. 金融市场研究, 2017 (12): 74 -80.

[183] 梁斯. 中国货币政策操作框架的转变及实践 [J]. 清华金融评论, 2018 (8): 69 -72.

[184] 彭明生, 范从来. 论高质量发展阶段中国货币政策的新框架 [J]. 人文杂志, 2019 (7): 39 -46.

[185] 何德旭, 冯明. 新中国货币政策框架 70 年: 变迁与转型 [J]. 财贸经济, 2019 (9): 5 -20.

[186] 张明, 朱子阳, 高蓓. 中国货币政策操作框架转型: 双目标选择与双机制构建 [J]. 财经智库, 2020, 5 (1): 53 -71 +142.

[187] 何青, 冯浩铭, 余吉双. 应对新冠疫情冲击的货币政策国际协调 [J]. 经济理论与经济管理, 2021, 41 (5): 4 -16.

[188] 中国人民银行货币政策分析小组. 中国货币政策执行报告 (2020 年

第一季度）［Z］. 2020－05－06.

［189］中国人民银行货币政策分析小组．中国货币政策执行报告（2020 年第二季度）［Z］. 2020－08－09.

［190］中国人民银行货币政策分析小组．中国货币政策执行报告（2020 年第三季度）［Z］. 2020－11－26.

［191］中国人民银行货币政策分析小组．中国货币政策执行报告（2020 年第四季度）［Z］. 2021－02－08.

［192］中国人民银行货币政策分析小组．中国货币政策执行报告（2021 年第一季度）［Z］. 2021－05－11.

［193］中国人民银行货币政策分析小组．中国货币政策执行报告（2021 年第二季度）［Z］. 2021－08－09.

［194］中国人民银行货币政策分析小组．中国货币政策执行报告（2021 年第三季度）［Z］. 2021－11－09.

［195］张启迪，陈颖．美联储缩表：原因、进程、溢出效应及中国对策［J］. 上海经济研究，2018（3）：95－107.

［196］吴秋君，马俊炯．履霜之戒：中美贸易摩擦升级的影响［N］. 中国经济报告，2018－05－07.

［197］彭兴韵．易行长时代的货币政策趋势与挑战［J］. 银行家，2018（4）：15－17.

［198］潘锡泉．我国货币政策调控模式改变了吗？［J］. 江汉学术，2015（4）：56－64.

［199］中国人民银行货币政策分析小组．2018 年第一季度中国货币政策执行报告［Z］. 2018－05－11.

［200］中国人民银行货币政策分析小组．2018 年第四季度中国货币政策执行报告［Z］. 2019－02－21.

［201］张末冬．实施好稳健中性的货币政策 加强货币政策与其他相关政策协调配合［J］. 金融时报，2017－11－18.

［202］谭小芬，林奕皓．积极应对美国货币政策转向与溢出效应［N］. 经济参考报，2021－11－30.